Wohnkredite
absichern

Tilgungsträger überprüfen

Zinsrisiken vermeiden

Währungsrisiken minimieren

Verein für Konsumenteninformation
Manfred Lappe

Wohnkredite absichern

Impressum

Herausgeber
Verein für Konsumenteninformation (VKI)
Mariahilfer Straße 81, A-1060 Wien
ZVR-Zahl 389759993
Tel. 01 588 77-0, Fax 01 588 77-73, E-Mail: konsument@vki.at
www.konsument.at

Geschäftsführer
Ing. Franz Floss
Dr. Josef Kubitschek

Autor
Dipl.-Kfm. Manfred Lappe

Lektorat
Gerhard Früholz

Produktion
Günter Hoy
Edwin Würth

Fotos Umschlag und Textteil
shutterstock

Druck
Holzhausen Druck GmbH, 1140 Wien

Stand
April 2010

Einzelbestellung VKI
Konsument, Kundenservice
Mariahilfer Straße 81, A-1060 Wien
Tel. 01 588 774, Fax 01 588 77-72
E-Mail: kundenservice@konsument.at

© 2010 Verein für Konsumenteninformation, Wien
Printed in Austria

Das Werk ist urheberrechtlich geschützt.
Alle dadurch begründeten Rechte, insbesondere die der Bearbeitung, der Übersetzung, des Nachdruckes, der Entnahme von Abbildungen, der Funksendung, der Wiedergabe auf fotomechanischem oder ähnlichem Wege und der Speicherung in Datenverarbeitungsanlagen, bleiben ohne vorherige schriftliche Zustimmung des Verlages (auch bei nur auszugsweiser Verwertung) vorbehalten. Gebrauchsnamen, Handelsnamen, Warenbezeichnungen usw. in diesem Buch sind auch ohne besondere Kennzeichnung im Sinne der Warenzeichen- und Markenschutz-Gesetzgebung nicht als frei zu betrachten. Produkthaftung: Sämtliche Angaben in diesem Fachbuch erfolgen trotz sorgfältiger Bearbeitung und Kontrolle ohne Gewähr. Eine Haftung des Autors oder des Verlages aus dem Inhalt dieses Werkes ist ausgeschlossen.

Wir sind bemüht, so weit wie möglich geschlechtsneutrale Formulierungen zu verwenden. Wo uns dies nicht gelingt, gelten die entsprechenden Begriffe im Sinne der Gleichbehandlung grundsätzlich für beide Geschlechter.

Bibliografische Information der Deutschen Nationalbibliothek
Die Deutsche Nationalbibliothek verzeichnet diese Publikation in der Deutschen Nationalbibliografie; detaillierte bibliografische Daten sind im Internet über http://dnb.d-nb.de abrufbar.

Verein für
Konsumenteninformation
ISBN 978-3-902273-95-6

€ 14,90

Liebe Leser!

96.000.000.000 Euro (in Worten: sechsundneunzig Milliarden Euro) – so groß ist das Volumen an privaten Krediten für den Wohnungs- und Hauskauf in Österreich. Nimmt man eine durchschnittliche Schuldenlast von 200.000 Euro an, sind zirka 480.000 Haushalte von der Thematik betroffen. Die Mehrheit der privaten, aber auch der gewerblichen Kredite in Österreich sind kurzfristig refinanziert – oft sogar in Fremdwährung. Die Niedrigzinsen im Schweizer Franken oder im japanischen Yen haben und hatten ihre Anziehungskraft.

Noch befinden wir uns in einem historischen Zinstal, mit kurzfristigen Zinsen von unter einem Prozent. Inklusive Bankmarge sind das zumeist noch immer unterhalb zwei Prozent. Ab Ende 2010 drohen erhebliche Zinssteigerungen – eine Verdopplung oder sogar Verdreifachung der Zinslast wie zuletzt 2008 erscheint möglich. So manchem Haushalt droht unter diesen Umständen ein finanzielles Horrorszenario. Welche Möglichkeiten aber haben normale Konsumenten, um sich gegen (zu) stark steigende Zinsen abzusichern? Wie kann man Fremdwährungsrisiken minimieren? Welche Schutzmechanismen bieten die Banken an? Und sind diese wirklich für jeden Kreditnehmer und jede Situation geeignet?

Dieses Buch gibt Einblick in die Wirkungsweise von Finanzprodukten, die kaum ein Kreditnehmer kennt. Beispiele aus der Praxis veranschaulichen, worauf es beim Absichern von Kreditrisiken ankommt. Die Vielzahl und Vielfalt der möglichen Absicherungen wird detailliert durchgesprochen und kritisch analysiert. Es zeigt sich: Nicht jedes Instrument taugt, erst recht nicht für jede Situation. Und nicht jedes Produkt muss bei der eigenen Hausbank abgeschlossen werden. Oft ist die auch bankmäßige Trennung von Kredit und Absicherung möglich und sogar sinnvoll: Dadurch kann der Wettbewerb der Banken zu besseren Konditionen genutzt werden.

Damit keine Missverständnisse aufkommen: Wir möchten mit diesem Buch in erster Linie für jene Kreditnehmer Hilfestellung geben, die aufgrund früherer Entscheidungen im variablen Zins oder in Fremdwährung engagiert sind, oft auch mit endfälligem Tilgungsträger. Dies ist keine Empfehlung für kurzfristig finanzierte Kredite, für Kredite in Fremdwährung und schon gar nicht für endfällige Kredite mit Tilgungsträger. Wenn Sie sich aber doch dafür interessieren, so bieten wir Ihnen zumindest fundiertes Hintergrundwissen und nachvollziehbare Gefahrenhinweise. Letztlich gilt auch bei diesem Thema: Durch zusätzliche Informationen ist noch niemand arm geworden!

Inhalt

Kreditsituation in Österreich

Populäre Fremdwährungskredite

Notleidende Tilgungsträger

Variable Zinsvereinbarung

Als Einstieg ins Thema Absicherung von Zins- und Währungsrisiken – insbesondere bei Krediten – ist ein Blick auf die allgemeine Kreditsituation in Österreich hilfreich. Die Datenlage ist durchaus umfangreich, jedoch auch je nach Datensammler und Herausgeber der Informationen durchaus kontrovers. Das legt nahe, sich der grundlegenden Daten einer neutralen und unumstrittenen öffentlichen Stelle zu bedienen: Die Oesterreichische Nationalbank verfügt über umfassendes statistisches Material zur österreichischen Volkswirtschaft.

96 Milliarden Euro Hauskredite – der Wunsch nach den eigenen vier Wänden ist groß

Das Volumen an Krediten, die in Österreich für den Wohnungsbau und -kauf aufgenommen werden, ist hoch und in den letzten Jahren rasant gestiegen. Waren es im Jahr 2001 noch 54 Milliarden Euro, welche die Oesterreichische Nationalbank als Verpflichtungen der privaten Haushalte für den Wohnungsbau erfasste, so stieg diese Zahl in den Folgejahren kontinuierlich auf über 96 Milliarden Euro im Jahr 2009 an. Der Drang zum eigenen Haus oder der eigenen Wohnung ist damit ungebrochen, ebenso wie die Bereitschaft und Notwendigkeit, sich für den Wunsch nach den „eigenen vier Wänden" zu verschulden.

Dieser Anstieg bei den Wohnraumkrediten ist umso bemerkenswerter, als die Verwendung von Krediten für den Konsum und für sonstige Zwecke in diesen Jahren weitgehend konstant blieb.

Zum Bereich Fremdwährungskredite schreibt die Oesterreichische Nationalbank: „Fremdwährungskredite spielen in Österreich sowohl für private Haushalte als auch für Unternehmen eine große Rolle. Die risikobehaftete Finanzierung von Unternehmen und privaten Haushalten

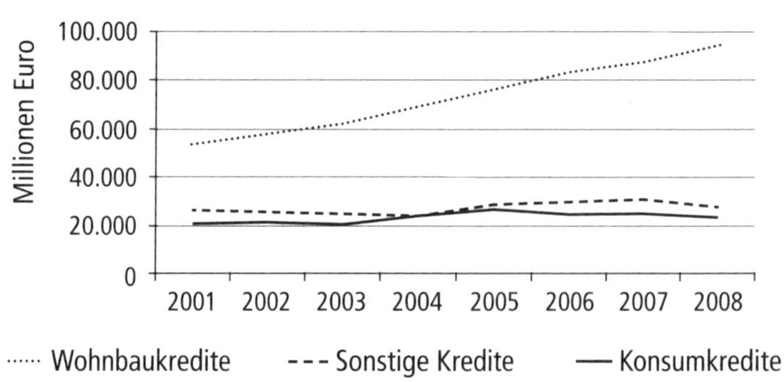

Verwendung von Krediten des privaten Sektors in Österreich

Verpflichtungen des privaten Haushaltssektors

	2001	2002	2003	2004	2005	2006	2007	2008	2009
Bestand Kredite	101.477	106.305	109.338	119.107	132.685	137.550	144.550	147.271	147.497
nach Kreditgeber									
Inländische Banken	79.563	86.326	89.397	98.329	111.271	115.480	123.237	125.311	125.481
Sonstige Kreditgeber	21.915	19.979	19.941	20.778	21.415	22.070	21.313	21.960	22.017
nach Verwendungszweck									
Wohnbaukredite	54.072	57.635	61.883	70.479	76.321	83.477	87.929	94.647	96.106
Konsumkredite	20.521	22.143	20.912	23.998	26.998	24.390	25.024	24.373	23.899
Sonstige Kredite	26.884	26.527	26.543	24.630	29.366	29.683	31.597	28.251	27.492
nach Laufzeit									
Kurzfristige Kredite	11.689	12.639	12.395	12.756	16.287	16.455	16.864	16.772	16.381
Langfristige Kredite	89.789	93.666	96.943	106.351	116.399	121.095	127.686	130.499	131.116
Übrige Verbindlichkeiten	166	244	240	216	983	1.002	1.241	1.531	1.259
Verpflichtungen	101.643	106.549	109.578	119.323	133.668	138.552	145.791	148.801	148.756

in Mio EUR; Quelle: Oesterreichische Nationalbank

Fremdwährungskredite für Grenzgänger in Vorarlberg

durch Fremdwährungskredite beläuft sich auf rund 50 Mrd. EUR. Der Fremdwährungsanteil an der Gesamtkreditvergabe beträgt rund 17 Prozent, während im Rest der Welt Werte unter 5 Prozent die Regel sind. Besonders stark sind Fremdwährungskredite bei privaten Haushalten verbreitet, bei denen bereits ein Drittel aller ausständigen Forderungen auf eine ausländische Währung lautet. Die Währungsstruktur dieser Kredite wird dabei vom Schweizer Franken (CHF) dominiert. Die Bedeutung des japanischen Yen (JPY) ist mittlerweile stark zurückgegangen. Verbindlichkeiten in US-Dollar spielen eine untergeordnete Rolle. Ihren Ausgangspunkt nahm die Entwicklung der Fremdwährungskredite in Vorarlberg, wo aufgrund der starken wirtschaftlichen Verflechtung mit der Schweiz und Liechtenstein ein Schweizer Franken-Kredit eine wirtschaftlich sinnvolle Alternative zum Eurokredit darstellen kann. In Österreich ist diesbezüglich ein West-Ost Gefälle festzustellen, d.h. im Westen Österreichs, wie z.B. in Vorarlberg, werden mehr Fremdwährungskredite in Anspruch genommen als im Osten Österreichs."

Demnach werden Fremdwährungskredite bei Unternehmen und privaten Haushalten mit fast 50 Milliarden Euro für Finanzierung von Anschaffungen verwendet. Ursächlich hierfür ist das niedrigere Zinsniveau in den Verschuldungswährungen Schweizer Franken, US-Dollar und japanischer Yen. Dem jedoch steht ein erhebliches Währungsrisiko entgegen, weshalb die Vergabe von weiteren Fremdwährungskrediten an private

Fremdwährungskredite in Österreich und weltweit

	Österreich	weltweit
Anteil der in Landeswährung vergebenen Kredite	83,05 %	> 95 %
Anteil der in Fremdwährung vergebenen Kredite	16,95 %	< 5 %

	Schweizer Franken	US-Dollar	japanischer Yen
Anteil der Fremdwährungskredite in Österreich, nach Währungen aufgeschlüsselt	88,8 %	6,1 %	3,3 %

Quelle: Oesterreichische Nationalbank

Haushalte im Herbst 2009 von der Finanzmarktaufsicht (FMA) de facto untersagt wurde. Seit Mitte März 2010 gibt es zusätzlich erweiterte Mindeststandards der FMA, welche regeln, in welchen wenigen Fällen noch Fremdwährungskredite vergeben werden dürfen. Dies sind unter anderem Personen, die ihr Einkommen ebenfalls in dieser Fremdwährung beziehen, d.h. de facto ihr Fremdwährungsrisiko durch den Kredit in dieser Währung verringern.

Heute ist der Neuabschluss von Fremdwährungskrediten de facto unterbunden

Kredite im Fremdwährungsbereich, jedoch zumeist auch in der Heimatwährung Euro, werden in Österreich in wesentlich stärkerem Maße als z.B. beim Nachbarn Deutschland mit einer nur kurzfristigen Zinsbindung von einem Monat bis zu einem halben Jahr aufgenommen. Hiermit nutzen die Kreditnehmer die in der kurzen Zinsbindung möglichen niedrigeren Zinssätze. Sie tragen damit jedoch auch das zum Teil erhebliche Zinsänderungsrisiko.

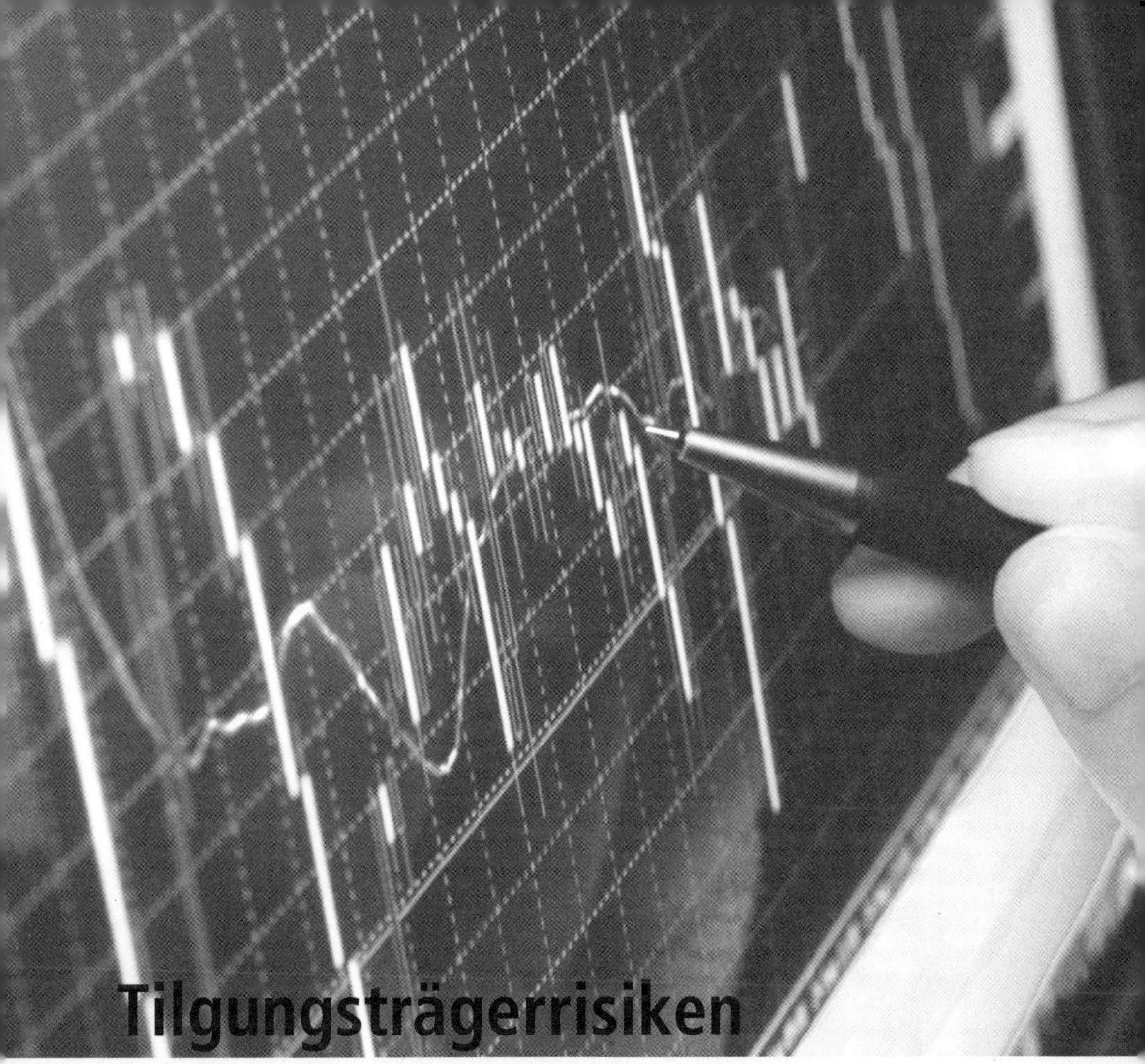

Tilgungsträgerrisiken

Die Idee der endfälligen Tilgungsträger

Probleme und Risiken

Lösungsansätze zur Schadensminimierung

Eine Vielzahl der Hauskredite in Österreich – in der Kreditsumme rund 30 bis 35 Milliarden Euro – wurde als endfälliger Kredit mit Tilgungsträger abgeschlossen. Und aufgrund der Kurseinbrüche am Aktienmarkt in 2008 ist derzeit sehr fraglich, ob und wie diese Tilgungsträger ausreichen, um am Laufzeitende den Hauskredit zu tilgen.

Gleich drei Risikoaspekte vereinen sich im typischen Hauskredit

Auch wenn neue Tilgungsträger-Kredite seit März 2010 in Österreich weitgehend verboten sind, stellt sich die Frage, wie bestehende Kreditnehmer hiermit umgehen können und sollen. Hier erhalten Sie die ersten Hinweise. Ein Beratungsgespräch auf die konkrete Situation hin können diese jedoch nicht ersetzen. Bitte beachten Sie auch, dass ein durchaus typischer Hauskredit in Österreich gleich drei Risikoaspekte in sich vereint:

- Tilgungsträgerrisiko bei endfälligen Krediten,
- Fremdwährungsrisiko bei immerhin 33 Prozent der Hauskredite (immerhin 84 Prozent der Tilgungsträger-Kredite notieren im Schweizer Franken),
- und zumeist das Zinsänderungsrisiko.

Aufgrund der hohen Komplexität jeder dieser Risiken haben wir hierfür drei Bereiche gebildet. Für eine abschließende Beurteilung aber z.B. von Tilgungsträgerrisiken muss zusätzlich geprüft werden, welche der anderen Risikoarten ebenfalls vorliegen und „mitbehandelt" werden müssen.

Die Idee der endfälligen Tilgungsträger

Endfällige Kredite mit Tilgungsträger wurden den Kreditnehmern von Banken und Finanzvertrieben in den vergangenen beiden Jahrzehnten als vermeintlich günstige Finanzierungsform empfohlen. Hierbei kam jedoch oft das erforderliche Wissen um die Funktionsweise, die Risiken und Gefahren zu kurz. Bevor es also an mögliche Lösungsansätze geht, ein Blick darauf, um welches Finanzprodukt es sich dabei eigentlich handelt.

Das Grund-Konstrukt eines Kredites mit Tilgungsträger ist zuerst einmal ein Kredit, der erst am Ende der Kreditlaufzeit, dann dafür aber auf einmal und nicht in Raten wie beim herkömmlichen Abstattungskredit, zurückgezahlt („getilgt") wird. Dies bedeutet, dass sich die Kreditsumme mangels monatlicher Rückzahlungen über die ganze Laufzeit hinweg nicht reduziert, der Kreditnehmer also während der gesamten Laufzeit die Zinsen auf den gesamten Kreditbetrag leistet, im folgenden Beispiel immerhin 40.000 Euro in 20 Jahren:

Beim endfälligen Kredit kommt es zu hohen Zinslasten über die Gesamtlaufzeit

Kreditlaufzeit	Zinssatz	Kreditbetrag	Zinsen
2005	2 %	100.000,–	2.000,–
2006	2 %	100.000,–	2.000,–
2007	2 %	100.000,–	2.000,–
2008	2 %	100.000,–	2.000,–
2009	2 %	100.000,–	2.000,–
2010	2 %	100.000,–	2.000,–
2011	2 %	100.000,–	2.000,–
2012	2 %	100.000,–	2.000,–
2013	2 %	100.000,–	2.000,–
2014	2 %	100.000,–	2.000,–
2015	2 %	100.000,–	2.000,–
2016	2 %	100.000,–	2.000,–
2017	2 %	100.000,–	2.000,–
2018	2 %	100.000,–	2.000,–
2019	2 %	100.000,–	2.000,–
2020	2 %	100.000,–	2.000,–
2021	2 %	100.000,–	2.000,–
2022	2 %	100.000,–	2.000,–
2023	2 %	100.000,–	2.000,–
2024	2 %	100.000,–	2.000,–
			40.000,–

Während also beim herkömmlichen Abstattungskredit (Abstatter, Annuitätenkredit) mit jeder Zinszahlung zugleich auch eine Teiltilgung des Kredits stattfindet, wird dieses Geld beim endfälligen Kredit mit Tilgungsträger in einem separaten Finanzprodukt angespart. Hierbei muss dieser Tilgungsträger auf den ersten Blick zumindest den gleichen Zinsertrag erbringen, den der Hauskredit an Kreditzinsen kostet. Dies liegt daran, dass eine direkte Tilgung ja zu einer Zinsersparnis in Höhe der Kreditzinsen führen würde. Bei einem zweiten Blick wird jedoch klar, dass dies nicht ausreicht: die Habenzinsen sind zu versteuern, die Kreditzinsen beim privaten Hausbauer steuerlich nur im Rahmen der Förderung von Wohnraumschaffung (maximaler Absetzbetrag im Jahr und Abbau dieser Förderung ab einer bestimmten Einkommenshöhe) absetzbar; der Finanzberater erhält für den Abschluss jedes einzelnen Produkts (Kredit, Tilgungsträger) Provisionen, je nach Produkt fallen weitere offene oder versteckte Kosten an. Jedoch auch ohne diese Aspekte benötigt das Grundkonzept des endfälligen Tilgungsträgers eine höhere Rendite, wie das folgende Beispiel zeigt:

Eine hohe Mindestrendite nach Kosten von 4,6 Prozent ist zumindest erforderlich

Laufzeit	Ansparung	Neue Sparrate	Rendite	Rendite in €	Neues Sparkapital
2005	0	3.000,–	4,6 %	138,–	3.138,–
2006	3.138,–	3.000,–	4,6 %	282,35	6.420,35
2007	6.420,35	3.000,–	4,6 %	433,34	9.853,68
2008	9.853,68	3.000,–	4,6 %	591,27	13.444,95
2009	13.444,95	3.000,–	4,6 %	756,47	17.201,42
2010	17.201,42	3.000,–	4,6 %	929,27	21.130,69
2011	21.130,69	3.000,–	4,6 %	1.110,01	25.240,70
2012	25.240,70	3.000,–	4,6 %	1.299,07	29.539,77
2013	29.539,77	3.000,–	4,6 %	1.496,83	34.036,60
2014	34.036,60	3.000,–	4,6 %	1.703,68	38.740,28
2015	38.740,28	3.000,–	4,6 %	1.920,05	43.660,34
2016	43.660,34	3.000,–	4,6 %	2.146,38	48.806,71
2017	48.806,71	3.000,–	4,6 %	2.383,11	54.189,82
2018	54.189,82	3.000,–	4,6 %	2.630,73	59.820,55
2019	59.820,55	3.000,–	4,6 %	2.889,75	65.710,30
2020	65.710,30	3.000,–	4,6 %	3.160,67	71.870,97
2021	71.870,97	3.000,–	4,6 %	3.444,06	78.315,04
2022	78.315,04	3.000,–	4,6 %	3.740,49	85.055,53
2023	85.055,53	3.000,–	4,6 %	4.050,55	92.106,08
2024	92.106,08	3.000,–	4,6 %	4.374,88	99.480,96

Ein Kredit in Höhe von ca. 100.000 Euro lässt sich innerhalb von 20 Jahren zurückzahlen, wenn eine Sparrate von 3 Prozent gewählt und in diesem Fall eine Rendite von 4,6 Prozent unterstellt wird. Diese Erfordernisse ändern sich etwas, wenn eine längere Ansparzeit unterstellt wird. Hierdurch kann die Sparrate oder die Anforderung an die Rendite gesenkt werden. Jedoch nicht sehr stark, da die Hausfinanzierung zumeist nach 25 Jahren abgeschlossen sein sollte.

In unserer Rechnung wird die bisherige Sparleistung (aktuelle Periode und vorher angesammelte Sparraten) mit der erwarteten Rendite multipliziert und der Ertrag dem bisherigen Sparkapital zugeschlagen. Der Ertrag des ersten Jahres führt damit zu zusätzlichem Ertrag in den Folgejahren. Dies ist das Prinzip der Zinseszinsrechnung. Und diese soll beim endfälligen Kredit mit Tilgungsträger dazu beitragen, dass am Laufzeitende der Kredit in einem Betrag zurückgezahlt werden kann.

Das Prinzip der Zinseszinsrechnung besagt, dass Zinsen auf Zinsen das Kapital erhöhen

Allerdings ist unser Rechenbeispiel weiterhin ohne Berücksichtigung von Steuern, internen Kosten des Angebotes (z.B. Verwaltungskosten der Lebensversicherung, Abdeckung des Sterbe-Risikos ...) oder Vermittlerkosten gerechnet. Hierdurch steigt die Anforderung an die erforderliche Rendite oder die Sparrate neuerlich (z.B. durch Berücksichtigung des Agios von 5 Prozent bei Aktienfonds um immerhin 150 Euro im Jahr). Die gewählten Tilgungsträger müssen daher eine Netto-Rendite von 4,6 Prozent erbringen, das bedeutet jedoch zumeist eine Brutto-Rendite (Brutto = vor Kosten) von oft sieben bis acht Prozent. Wohlgemerkt jährlich, ohne Unterbrechung, über 20 bis 25 Jahre. Ganz einfach gesagt: Das ist unrealistisch!

Das Problem

Im vorigen Rechenbeispiel ist zu sehen, dass das System des endfälligen Kredits mit Tilgungsträger nur dann funktioniert, wenn über die gesamte Laufzeit eine Durchschnittsverzinsung erzielt wird – in diesem Fall von 4,6 Prozent (nach Kosten und Steuern). Aber nur 2 Prozent Kreditzinsen und 4,6 Prozent Zinsertrag (nach Steuern und Kosten) – wie ist dies möglich? Gibt es am Ende ein finanzmathematisches Perpetuum mobile?

Höherer Ertrag bedeutet immer (!) auch höheres Risiko!

Mitnichten. Denn es ist eine Binsenweisheit: Ein höherer Ertrag geht immer auch mit höherem Risiko einher. Üblicherweise wird diese Überrendite dadurch erreicht, dass das Geld am Aktienmarkt (über Fonds) investiert wird. Und üblicherweise werden endfällige Kredite in Phasen steigender Aktienmärkte angeboten. Dann ist das Risikobewusstsein, dass der Aktienmarkt keine Einbahnstraße nach oben ist, am geringsten.

Betrachtet man das Wirkungsprinzip der endfälligen Kredite einmal anders, nämlich mit einem einmaligen Anlagebetrag, ergibt sich folgendes Bild:

Laufzeit	Ansparung	Rendite	Rendite in €	Neues Sparkapital
2005	1.000,–	4,6 %	46,–	1.046,–
2006	1.046,–	4,6 %	48,12	1.094,12
2007	1.094,12	4,6 %	50,33	1.144,45
2008	1.144,45	4,6 %	52,64	1.197,09
2009	1.197,09	4,6 %	55,07	1.252,16
2010	1.252,16	4,6 %	57,60	1.309,76
2011	1.309,76	4,6 %	60,25	1.370,–
2012	1.370,–	4,6 %	63,02	1.433,02
2013	1.433,02	4,6 %	65,92	1.498,94
2014	1.498,94	4,6 %	68,95	1.567,89
2015	1.567,89	4,6 %	72,12	1.640,02
2016	1.640,02	4,6 %	75,44	1.715,46
2017	1.715,46	4,6 %	78,91	1.794,37
2018	1.794,37	4,6 %	82,54	1.876,91
2019	1.876,91	4,6 %	86,34	1.963,25
2020	1.963,25	4,6 %	90,31	2.053,56
2021	2.053,56	4,6 %	94,46	2.148,02
2022	2.148,02	4,6 %	98,81	2.246,83
2023	2.246,83	4,6 %	103,35	2.350,18
2024	2.350,18	4,6 %	108,11	2.458,29

Eine permanente Rendite von 4,6 Prozent führt damit dazu, dass nach 20 Jahren ein Vermögenszuwachs von 145,83 Prozent erzielt wird [(2.458,29 – 1.000) : 100].

Zum Vergleich: Bei einem Anfangsstand des österreichischen Aktienindex von 2.500 wäre dies ein Anstieg auf 6.145 Indexpunkte:

Eine Rendite von 4,6 Prozent bedeutet einen Vermögenszuwachs von 145,83 Prozent in 20 Jahren

Laufzeit	Ansparung	Rendite	Rendite in €	Neues Sparkapital
2005	2.500,–	4,6 %	115,–	2.615,–
2006	2.615,00	4,6 %	120,29	2.735,29
2007	2.735,29	4,6 %	125,82	2.861,11
2008	2.861,11	4,6 %	131,61	2.992,72
2009	2.992,72	4,6 %	137,67	3.130,39
2010	3.130,39	4,6 %	144,–	3.274,39
2011	3.274,39	4,6 %	150,62	3.425,01
2012	3.425,01	4,6 %	157,55	3.582,56
2013	3.582,56	4,6 %	164,80	3.747,36
2014	3.747,36	4,6 %	172,38	3.919,74
2015	3.919,74	4,6 %	180,31	4.100,04
2016	4.100,04	4,6 %	188,60	4.288,65
2017	4.288,65	4,6 %	197,28	4.485,92
2018	4.485,92	4,6 %	206,35	4.692,28
2019	4.692,28	4,6 %	215,84	4.908,12
2020	4.908,12	4,6 %	225,77	5.133,89
2021	5.133,89	4,6 %	236,16	5.370,05
2022	5.370,05	4,6 %	247,02	5.617,08
2023	5.617,08	4,6 %	258,39	5.875,46
2024	5.875,46	4,6 %	270,27	6.145,73

Aber ist das so sicher, dass Sie die Ersparnisse von 20 Jahren – nämlich während der gesamten Kreditlaufzeit – hierauf setzen würden? Oft ist zu hören, dass der Aktienmarkt ein „Auf und Ab" ist, in der Summe aber immer ansteigt. Sehr grob gesagt stimmt dies zwar, jedoch ist hiermit keine Aussage zu zwei Punkten verbunden:

- Wie hoch ist die durchschnittliche jährliche Steigerungsrate – nach Kosten und Steuern?
- Wie hoch wird der Aktienmarkt am Ende der Kreditlaufzeit stehen? Denn genau zu diesem Zeitpunkt haben die Kreditnehmer ein Terminrisiko, über das oft zu wenig aufgeklärt wird.

Die Börse ist keine Einbahnstraße zum Vermögensaufbau

Der Deutsche Aktienindex DAX stand 2000 bei 8.000 Punkten und fiel dann bis 2003 auf 3.600 Punkte, um 2007 wieder bei 8.000 zu stehen und heute um die 6.000. Also 10 Jahre, in denen es zwar zeitweilig zu einer Erholung des Aktienmarktes kam, jedoch nicht zu einem weiteren Zulegen im Sinne einer Plan-Rendite von 4,6 Prozent. Und der japanische Aktienindex hatte seinen Höchstpunkt in den 80er Jahren des vergangenen Jahrhunderts bei 40.000, und steht aktuell bei 10.000!

Noch einmal zurück zu unserem Aufbau eines Tilgungsträgers über 100.000 Euro. Lässt sich ein Kursverlust bis zum Laufzeitende ausgleichen?

Im folgenden Beispiel (► Seite 23) ist im sechsten von 20 Laufzeitenjahren ein Kursverlust von 20 Prozent unterstellt. Das Sparziel von 100.000 Euro ist wohl noch zu erreichen. Jedoch nur dann, wenn die jährliche Rendite ab jetzt kontinuierlich 5,6 statt 4,6 Prozent beträgt, wohlgemerkt Netto-Rendite nach Kosten und Steuern! Wenn aber 4,6 Prozent schon mit Risiko behaftet waren, steigt dieses Risiko mit höherem Zinssatz weiter an. Ein Einbruch der Rendite lässt sich zwar dann am ehesten ausgleichen, wenn:

- noch möglichst lange Zeit bis zur Kreditfälligkeit vor einem liegt und
- der Einbruch möglichst gering ist.

Es kann Ihnen jedoch niemand garantieren bzw. es ist sogar höchst unwahrscheinlich, dass es nicht weiterhin das Risiko eines oder mehrerer Einbrüche gibt. Und mit jedem weiteren Einbruch steigt die danach erforderliche Rendite weiter an.

Laufzeit	Ansparung	Neue Sparrate	Rendite	Rendite in €	Neues Sparkapital
2005	0,–	3.000,–	4,6 %	138,–	3.138,–
2006	3.138,–	3.000,–	4,6 %	282,35	6.420,35
2007	6.420,35	3.000,–	4,6 %	433,34	9.853,68
2008	9.853,68	3.000,–	4,6 %	591,27	13.444,95
2009	13.444,95	3.000,–	4,6 %	756,47	17.201,42
2010	17.201,42	3.000,–	**– 20 %**	– 4.040,28	16.161,14
2011	16.161,14	3.000,–	5,6 %	1.073,02	20.234,16
2012	20.234,16	3.000,–	5,6 %	1.301,11	24.535,27
2013	24.535,27	3.000,–	5,6 %	1.541,98	29.077,25
2014	29.077,25	3.000,–	5,6 %	1.796,33	33.873,58
2015	33.873,58	3.000,–	5,6 %	2.064,92	38.938,50
2016	38.938,50	3.000,–	5,6 %	2.348,56	44.287,05
2017	44.287,05	3.000,–	5,6 %	2.648,07	49.935,13
2018	49.935,13	3.000,–	5,6 %	2.964,37	55.899,49
2019	55.899,49	3.000,–	5,6 %	3.298,37	62.197,86
2020	62.197,86	3.000,–	5,6 %	3.651,08	68.848,94
2021	68.848,94	3.000,–	5,6 %	4.023,54	75.872,49
2022	75.872,49	3.000,–	5,6 %	4.416,86	83.289,34
2023	83.289,34	3.000,–	5,6 %	4.832,20	91.121,55
2024	91.121,55	3.000,–	5,6 %	5.270,81	99.392,36

Auch wenn es unterschiedliche Arten von Tilgungsträgern gibt, existiert dieses Problem bei jedem der gängigen Tilgungsträger (ganz sichere Produkte wie etwa Staatsanleihen oder Garantieprodukte werfen zu wenig Ertrag ab, um als Tilgungsträger in Frage zu kommen). Dies gilt auch bei der sogenannten „klassischen Lebensversicherung", die von der Finanzmarktaufsicht wohl immer noch als Tilgungsträger akzeptiert wird. Bei dieser unterscheidet man zwischen einer garantierten Auszahlung (Versicherungs- oder Garantiebetrag) und einer höheren Ablaufleistung. Letztere ist jedoch nicht garantiert, sondern vom Erfolg am Kapitalmarkt abhängig. Sie sollte daher nicht in die Planungen zur Ablaufleistung bei Kreditfälligkeit einbezogen werden! Das gilt insbesondere für britische

Alle Arten von Tilgungsträgern haben das gleiche Problem: hohes Risiko

Lebensversicherungen, die über einen hohen Aktienanteil verfügen, einer besonderen „Ergebnis-Glättung" während der Laufzeit unterliegen und damit vor Endfälligkeit nicht kalkulierbar sind. Es verbleibt dann zumeist eine geringe garantierte Netto-Rendite von 2 Prozent – und dies ist für die erforderliche Tilgungsträgereignung nicht ausreichend.

Lösungsansätze zur Schadensminimierung

Im Jahr 2008 hat sich genau dieses eingangs als Problem beschriebene Risiko verwirklicht. Was aber kann und soll der normale Kreditnehmer zur Schadensbegrenzung machen? Beachten Sie, dass beide der folgenden Punkte in sachlichem Zusammenhang stehen: Die Entscheidung zum bisherigen Tilgungsträger ist zugleich eine Entscheidung, ob Sie bei der Umstellung der Kreditart auf Abstattungskredit eine vorzeitige Teiltilgung durchführen können.

Prüfung des bisherigen Tilgungsträgers

Der bisherige Tilgungsträger erfordert schwierige und harte Entscheidungen

Sie haben bereits einige Monate oder zumeist sogar Jahre in einen Tilgungsträger eingezahlt. Und dieser hat auch weiterhin einen gewissen Wert und eine Chance auf Wertzuwachs. Eine pauschale Einschätzung Ihrer individuellen Situation ist an dieser Stelle kaum möglich. Dazu benötigen Sie persönlichen Rat von unabhängiger Stelle, die hoffentlich kein Provisions-Interesse hat. Einige grundsätzliche Überlegungen sind auf jeden Fall hilfreich.

Verkaufen

Ein Verkauf des Tilgungsträgers bringt Ihnen einen Teil des eingesetzten Kapitals vorzeitig zurück. Dieses Kapital können Sie zur vorzeitigen Teiltilgung des Kredits einsetzen. Sie sind hierbei sicher, dass Sie eine entsprechende Zinsersparnis und eine Laufzeitenverkürzung Ihres Kredites haben. Ob dies die beste Entscheidung ist, kann Ihnen niemand im Vorhinein sagen. Meist wurden die Provisionen über die gesamte Laufzeit verrechnet und längst abgezogen, sodass Sie bei einem Verkauf vor der Zeit weniger erhalten als eingezahlt. Dies aber ist nicht die entscheidende Frage. Diese ist vielmehr, ob Sie von einer frühzeitigeren Teil-Kredittilgung einen höheren Vorteil haben als von dem erhofften Wertzuwachs des Tilgungsträgers. Durch die Teiltilgung des Kredits verringern Sie Ihr Risiko und die zukünftigen Zinszahlungen. Dieser Effekt ist kalkulierbar. Ein Verbleib im bisherigen Tilgungsträger ist dies jedoch zumeist nicht (Ausnahmen ► Punkt „Stillegung" unten). Hier haben Sie weiterhin das Problem einer nicht ausreichenden durchschnittlichen Netto-Rendite und ein nicht zu unterschätzendes Terminrisiko: noch kurz vor „Torschluss" kann Ihnen ein weiterer Crash am Aktienmarkt Ihre Kalkulation zerstören!

Diese Entscheidung können Sie heute oder erst in einigen Jahren treffen. Die Kosten eines verspäteten Verkaufs sind höhere Zinslasten und ein möglicher Wertverlust Ihres Tilgungsträgers. Die Kosten eines zu frühen Verkaufs sind entgangene erhoffte Wertzuwächse des Tilgungsträgers.

Tilgungen im Zeitablauf haben Auswirkungen auf die möglichen Zinsabsicherungen

Sofern Sie einen Verkauf zu einem Zeitpunkt zwischen heute und dem Kreditende beabsichtigen, sollten Sie daran denken, dass Sie dies auch an späterer Stelle bei der Entscheidung zu einer Festzinsvereinbarung (► Seite 55) oder einer Swap-Vereinbarung (► Seite 82) berücksichtigen. Bei diesen Kreditarten können Sie eine Zwischentilgung nicht bzw. nur mit eingeschränkten Auswirkungen auf Ihre Zinszahlung durchführen. Für den Betrag der beabsichtigten Zwischentilgung sollten Sie daher im variablen Zinsbereich mit turnusmäßigen Kündigungsmöglichkeiten bleiben.

Stillegung

Eine Stillegung oder Ruhendstellung Ihres Tilgungsträger-Vertrages ist, wo sie vorgesehen ist, immer dann eine sinnvolle Alternative, wenn Sie durch einen sofortigen Verkauf einen absehbaren zusätzlichen Schaden erleiden würden. Dies wird regelmäßig bei Lebensversicherungen der Fall sein, da hier die Rückkaufswerte unterhalb der realen Vermögenswerte liegen. Zum Teil handelt es sich aber auch um Tilgungsträger, die nach einer bestimmten Mindestlaufzeit einen Garantiebetrag oder Mindestrückzahlungswert haben. Hier könnten Sie noch vergleichen, ob die von Ihnen zu zahlenden Zinsen auf diesen Teilkreditbetrag höher oder niedriger als dieser sichere Wertzuwachs sind:

- Wert Tilgungsträger heute: 70.000 Euro
- Garantiewert in 10 Jahren: 100.000 Euro
- Zinssatz Kredit: 3 Prozent

Garantierte Ablaufleistung oder Zinsersparnis durch Teiltilgung?

In diesem Fall zahlen Sie 10 Jahre 3 Prozent Zinsen auf den anteiligen Kreditbetrag von 70.000 Euro (Wert des Tilgungsträgers beim Verkauf, mit dem Sie eine Teiltilgung des Kredits durchführen könnten), d.h. grob gerechnet 21.000 Euro. Andererseits haben Sie in 10 Jahren einen sicheren Wertzuwachs von 30.000 Euro. Die Entscheidung wird hier zumeist auf eine Ruhendstellung hinauslaufen, jedoch sollten folgende zwei Punkte beachtet werden:

- Oft sind diese hier genannten 3 Prozent Kreditzinsen nicht fix, sondern variabel. Der Vorteil kann in Abhängigkeit vom Zinssatz (im Laufe der 10 Jahre) daher höher oder niedriger sein.
- Die Grob-Rechnung von 21.000 Euro berücksichtigt nicht, dass ja jede Ersparnis an Zinsen zu einer erhöhten Tilgungsleistung und damit erneut erhöhter Zinsersparnis führt. Also hier im Zweifelsfall genau nachrechnen, indem der reduzierte Kreditbetrag in unseren Abstattungs-Rechner (► Seite 28) eingegeben wird.

Durchhalten

Das ist zwar eine weitere – theoretische – Möglichkeit. Bei der Problemanalyse von endfälligen Krediten war jedoch schon zu erkennen, dass ein permanentes und nicht kalkulierbares Risiko weiterer oder erneuter Kursverluste am Aktienmarkt vorliegt. Die Alternative „Durchhalten" ist daher ein sehr starker Hoffnungswert, aber mit sehr hohem Risiko und von daher nicht ohne sehr deutliche Warnhinweise zu empfehlen. Sie riskieren hierbei im Zweifelsfall die Ersparnis von 20 bis 30 Jahren und Ihren Traum vom Eigenheim.

Austauschen

Ihr Finanzberater wird Ihnen vielleicht gesagt haben oder noch sagen, dass Ihr bisheriger Tilgungsträger nicht gut (genug) ist, Sie den fehlenden Kapitalbetrag jedoch mit einem anderen Tilgungsträger erreichen können.

Vertrauen Sie dieser Aussage nicht, das ist ein Märchen: Hier geht es um die emotionsfreie Beurteilung, ob eine Mindestrendite von in unserem Ursprungsbeispiel zuerst 4,6 Prozent (nach Kosten, Steuern und Vermittler-Provisionen) und nach einem Verlust am Aktienmarkt zukünftig wesentlich mehr Prozent Mindestrendite realistisch ist. Hoher Ertrag – hohes Risiko! Die erforderliche Mindestverzinsung kann Ihnen in dieser Höhe niemand garantieren. Jedenfalls nicht seriös. Fest steht hier nur, dass der Berater an einem Austausch der Tilgungsträger erneut verdient. Dieses Geld bekommt er über das Agio von Fonds oder andere Vergütungsarten indirekt von Ihnen. Nutzen Sie dieses Kapital lieber zur vorzeitigen teilweisen Schuldentilgung. Hier geht es um Ihre Ersparnisse von 20 Jahren und Ihren schuldenfreien Alterssitz.

Austauschen ist keine sinnvolle Option, jedenfalls nicht für den Kreditnehmer

Prüfung der Umstellung auf Abstatter

Bei der Darstellung der Probleme von endfälligen Krediten ist bereits klar geworden, dass sich das ihnen eigene Terminrisiko (Wo steht der Aktienmarkt am Termin der Kreditfälligkeit? Wieviel bekommt man zum Laufzeitende heraus und reicht das dann auch wirklich, um den Kredit zu tilgen?) nicht und durch niemanden beherrschen lässt.

Als einer der ersten Lösungsansätze sollte daher geprüft werden, ob eine Umstellung auf einen Abstattungskredit möglich ist. Ein Abstatter ist eine den meisten bekannte, herkömmliche Kreditart, bei der regelmäßig (zumeist monatlich, manchmal auch quartalsmäßig) Zins- und Tilgungsleistungen erfolgen. Durch diese Teiltilgungen verringert sich stetig die Aushaftung und es kommt also in der nächsten Abrechnungsperiode bereits zu geringeren Zinslasten. Und diese Zinsersparnis führt, wenn Sie monatlich gleich hohe Beträge zurückzahlen, wieder zu erhöhten Tilgungsleistungen.

Aus Gründen der einfacheren Darstellung arbeiten wir hier bei unseren Beispielen auf Jahresbasis. Sie sollten jedoch quartalsweise, noch besser monatliche Tilgungen vereinbaren: Je früher getilgt wird, desto weniger Zinsen bezahlen Sie. Dem folgenden Beispiel liegen diese Konditionen zugrunde:

Ein Abstatter mit hoher Tilgungsleistung erspart viel Zinsaufwand

- Zinssatz 2 Prozent (€ 2.000,–)
- Tilgungssatz 4,1 Prozent (€ 4.100,–)
- Belastung im Jahr € 6.100,–

Laufzeit	Kreditbetrag	Zinsbelastung	Tilgung	Kreditbetrag Rest
2005	100.000,–	– 2.000,–	– 4.100,–	95.900,–
2006	95.900,–	– 1.918,–	– 4.182,–	91.718,–
2007	91.718,–	– 1.834,36	– 4.265,64	87.452,36
2008	87.452,36	– 1.749,05	– 4.350,95	83.101,41
2009	83.101,41	– 1.662,03	– 4.437,97	78.663,44
2010	78.663,44	– 1.573,27	– 4.526,73	74.136,70
2011	74.136,70	– 1.482,73	– 4.617,27	69.519,44
2012	69.519,44	– 1.390,39	– 4.709,61	64.809,83
2013	64.809,83	– 1.296,20	– 4.803,80	60.006,02
2014	60.006,02	– 1.200,12	– 4.899,88	55.106,14
2015	55.106,14	– 1.102,12	– 4.997,88	50.108,27
2016	50.108,27	– 1.002,17	– 5.097,83	45.010,43
2017	45.010,43	– 900,21	– 5.199,79	39.810,64
2018	39.810,64	– 796,21	– 5.303,79	34.506,85
2019	34.506,85	– 690,14	– 5.409,86	29.096,99
2020	29.096,99	– 581,94	– 5.518,06	23.578,93
2021	23.578,93	– 471,58	– 5.628,42	17.950,51
2022	17.950,51	– 359,01	– 5.740,99	12.209,52
2023	12.209,52	– 244,19	– 5.855,81	6.353,71
2024	6.353,71	– 127,07	– 5.972,93	380,78
		– 22.380,78	– 99.619,22	

Aus Gründen der besseren Vergleichbarkeit mit dieser Berechnung zum endfälligen Kredit haben wir wieder die gleiche Laufzeit, den gleichen Kreditbetrag und sogar den gleichen Kreditzinssatz gewählt. Das ist nicht unrealistisch, weil auch die Fremdwährungskredite als Abstatter zu haben waren bzw. heute darauf umgestellt werden können. Im Falle eines Fremdwährungskredits rechnen Sie bitte auch in dieser Fremdwährung, wobei sich Ihre Belastung mit Zinsen und Tilgung für Ihre Haushaltsplanung in Euro erst nach der Umrechnung ergibt.

Die ansteigende Tilgungsleistung ergibt sich als Differenz der jährlichen Zahlung von 6.100 Euro abzüglich der ständig geringer werdenden Zinslast. Die sich ergebenden Erkenntnisse lassen sich wie folgt zusammen fassen:

- Statt 40.000 Euro bezahlt der Kreditnehmer in diesem Beispiel nur 22.380,78 Euro an Zinsen, eine Zinsersparnis von immerhin 17.619,22 Euro. Steuerfrei, versteht sich!
- Statt 3 Prozent jährliche Einzahlung in den Tilgungsträger ist hier eine etwas höhere Tilgungsleistung von 4,1 Prozent erforderlich. Dies sind rund 1.100 Euro im Jahr oder rund 90 Euro im Monat. Dies ist eine bewältigbare Belastung.
- Es gibt kein Risiko aus einem Tilgungsträger mehr!

Oft bedeutet ein Abstatter nur geringen monatlichen Mehraufwand

Dieser direkte Vergleich zwischen „endfälligem Kredit mit Tilgungsträger" und „Abstattungskredit" zeigt sehr deutlich auf, dass sich das hohe Risiko der Tilgungsträger mit nur geringem finanziellen Mehraufwand (rund 90 Euro monatlich über 20 Jahre) hätte vermeiden lassen. Und hierbei ist noch nicht berücksichtigt, dass ein Abstattungskredit kein Agio (Aufgeld) als Vermittlerprovision für den Fonds als Tilgungsträger kennt, keine inneren Gebühren von Lebensversicherungen etc. Im Endeffekt ist ein Abstattungskredit damit mit unwesentlich höheren Lasten für den Kreditnehmer verbunden – jedoch mit mehr Sicherheit für den Eigenheim-Erwerber. Und im Übrigen auch mit geringeren Einnahmen für Banken und Vermögensberater.

Wenn Sie prüfen wollen, ob und wie ein Umstieg auf einen Abstatterkredit möglich ist, gehen Sie wie folgt vor:

Kreditbetrag

Dieser ergibt sich aus dem Kreditvertrag und kann auch ein Betrag in Fremdwährung sein. Von den Banken werden Abstattungskredite auch z.B. im Schweizer Franken angeboten, aufgrund der geringeren Zinseinnahmen jedoch nicht werbemäßig herausgestellt. Je nach Verfahrensweise mit Ihrem bisherigen Tilgungsträger verringert sich der Kreditbetrag um den Veräußerungserlös des Tilgungsträgers. Für den Fall, dass Sie den Tilgungsträger behalten (jedoch nicht weiter einzahlen) und am Ende der Kreditlaufzeit eine Teiltilgung durchführen wollen, endet die Berechnung nicht mit einem Kreditbetrag von 0 Euro (oben: 380 Euro),

Tipp

Bei einem Kredit mit variablem Zinssatz ist die Änderung der Kreditart zumeist zu jedem Zinstermin möglich. Zum Teil ist jedoch eine Kündigungsfrist einzuhalten. Jedoch sind die Banken von der Finanzmarktaufsicht aufgefordert, auch den bestehenden Umfang an Tilgungsträger-Krediten zu reduzieren. Dies sollte dazu beitragen, dass Sie schnell und unproblematisch wechseln können. In Praxisfällen wurde zum Teil eine geringe Bearbeitungsgebühr von 50 Euro verlangt, manche Banken warben vorübergehend gar mit kostenlosem Umstieg. Die staatliche Kreditgebühr wird übrigens auch bei einem Wechsel der Kreditart oder der Bank nicht erneut fällig. Es kann nicht schaden, darauf genau zu achten.

Die staatliche Kreditgebühr wird bei einer Umschuldung nicht erneut fällig!

Bei einem Abstattungskredit mit variablem Zinssatz haben Sie zwei Möglichkeiten, wie der Kredit bei Zinsänderungen reagieren kann:

- Die Annuität (Summe aus Zinsen und Tilgung – also Ihre monatliche Rückzahlungsrate) verändert sich nicht. Eine Senkung oder Steigerung der Zinsen wirkt sich damit immer auf die Tilgungsleistung aus. Im Falle von steigenden Zinssätzen ist diese Variante nicht empfehlenswert, da hierdurch die Tilgungsleistung stark verringert und damit die Kreditlaufzeit verlängert wird. Vereinbaren Sie diese Variante daher nur bei sinkenden Zinsen.
- Die Annuität verändert sich. Sinkende oder steigende Zinslasten führen damit zu einer sinkenden oder steigenden Gesamtbelastung. Diese Variante sollten Sie bei steigenden Zinssätzen vereinbaren, zumindest solange sie die erhöhte Gesamtbelastung noch finanziell bewältigen können.

sondern mit dem von Ihnen unterstellten Wert des Tilgungsträgers am Laufzeitende.

Kreditlaufzeit

Diese ergibt sich als Restlaufzeit bis zum bisher geplanten Kreditende. Es kann alternativ auch der Zeitraum zwischen heute und dem Pensionsbeginn genommen werden. Mit Pensionsbeginn und den damit einhergehenden geringeren Einnahmen sollte der Kredit getilgt sein.

Zinssatz

Wenn Sie einen Festzinssatz vereinbaren oder Zinsabsicherungen durchführen wollen, tragen Sie diesen Zinssatz ein. Wenn Sie mit variablem Zinssatz finanziert sein wollen, haben Sie ein erhebliches Zinsänderungsrisiko. Sie sollten hier mit einem höheren als dem jeweils aktuellen Zinssatz planen (die 2 Prozent in unserem Beispiel dienten nur der Vergleichbarkeit der Berechnungen, als Planungsgrundlage ist er zu gering) und, solange dieser Zinssatz noch nicht erreicht ist, die Zinsersparnis in die Tilgung stecken. So senken Sie Ihre Kreditzinsen dauerhaft und verringern Ihr Risiko.

Bei variablem Zins planen Sie großzügig und nicht mit den aktuellen Mini-Zinsen

Tilgungsbetrag

Im nächsten Schritt probieren Sie durch Eingabe unterschiedlicher Beträge für die anfängliche Jahrestilgung aus, wie hoch Ihre Jahrestilgung zumindest sein muss. In unserem Beispielfall sind dies 4.100 Euro oder 4,1 Prozent der Kreditsumme von 100.000 Euro.

Tipp

Hohe Kreditzinsen haben im Falle eines Abstattungskredits auch etwas Positives: Mit jeder Teiltilgung sparen Sie einen höheren Zinsbetrag ein, der dann zur zusätzlichen Tilgung eingesetzt werden kann. Hierdurch kommt es zu dem weitgehend unbekannten Phänomen, dass bei hohen Zinssätzen im Falle von Abstattungskrediten die Kreditlaufzeit verkürzt wird.

Prüfung Mittelverfügbarkeit

Dieser Jahresbetrag geteilt durch 12 Monate ergibt Ihre potenzielle monatliche Belastung. Da Sie jedoch in diesem Fall nicht mehr weiter in den bisherigen Tilgungsträger einzahlen, haben sie einen gewissen Ausgleichsposten.

Auch (frühzeitige) Schuldnerberatung ist eine sinnvolle Option

Im besten Fall können Sie problemlos auf die Kreditart Abstattungskredit umsteigen. In vielen Fällen wird dies zumindest mit zusätzlichen Sparanstrengungen (kein neues Auto, Einschnitte bei Hobbys oder Urlauben ...) gehen. In einigen Fällen jedoch wird sich dies weiterhin nicht ausgehen – hier ist ein frühzeitiger Termin mit einer Schuldnerberatung (Adressen im Serviceteil, ▶ Seite 175 ff.) in jedem Fall empfehlenswert. Die Wartezeiten betragen gerade in den großen Städten meist mehrere Monate. Aber je früher Sie diesen Schritt einplanen und machen, desto größer sind die Erfolgsaussichten und desto geringer der finanzielle Verlust.

Zinsrisiken

Geld- und Kapitalmarkt verstehen

Signale für Zinserhöhungen erkennen

Produkte zur Zinssicherung vergleichen

Zinsrisiken aus Sicht des Kreditnehmers sind immer die Risiken, dass es zu Zinserhöhungen kommt, sich hierdurch die Finanzierung verteuert und möglicherweise die eigene finanzielle Leistungskraft bei der Zinslast überfordert wird. Bevor es um die Möglichkeiten von Risikovermeidungs- oder Risikoreduzierungsstrategien geht, noch einige prinzipielle Gedanken zum Thema Zinsrisiken an sich. Auch zur Frage, wann mit diesen Risiken zu rechnen ist und wie sie frühzeitig(er) erkannt werden können.

Geld- und Kapitalmarkt

Eine Grundkenntnis der Zusammenhänge erleichtert die frühzeitige(re) Risikoerkennung

Für die Erkennung und Behandlung der Zinsänderungsrisiken ist es von erheblicher Bedeutung, die Funktionsweise der Finanzierungsmärkte zu verstehen. Denn nur dann, wenn man die Einflussfaktoren und Wirkungszusammenhänge zumindest grob kennt, kann man die Gefahr einer Zinserhöhung frühzeitig(er) sehen und hierauf frühzeitig(er) reagieren. Und der erste Schritt hierzu ist das Verständnis, dass es nicht nur einen Markt für Finanzierungen und Kredite gibt. Zu unterscheiden ist hier der „Geldmarkt" für kurzfristige Kredite und der „Kapitalmarkt" für Ausleihungen ab einem Jahr.

Der Geldmarkt

Als Geldmarkt wird der kurzfristige Finanzmarkt bis zu einem Jahr bezeichnet. Hier beginnt die Fristigkeit mit einem Tag („über Nacht" oder auch „Eonia") und geht mit den Euribor-Sätzen (im Euro-Raum) von einer Woche bis zu 12 Monaten. Täglich melden bis zu 43 Kreditinstitute, darunter 10 deutsche Banken, Angebotssätze (Briefsätze) für die jeweiligen Fristigkeiten um 11.00 Uhr Brüsseler Zeit an einen Informationsanbieter, welcher hieraus Durchschnittssätze ermittelt und auf Reuters mit drei Nachkommastellen veröffentlicht. In die Durchschnittsbildung fließen hierbei die 13 Banken mit dem höchsten und niedrigsten Zinsangebot nicht in die Euribor-Berechnung. Dies führt dazu, dass Zinsausreißer nicht den Markt verfälschen.

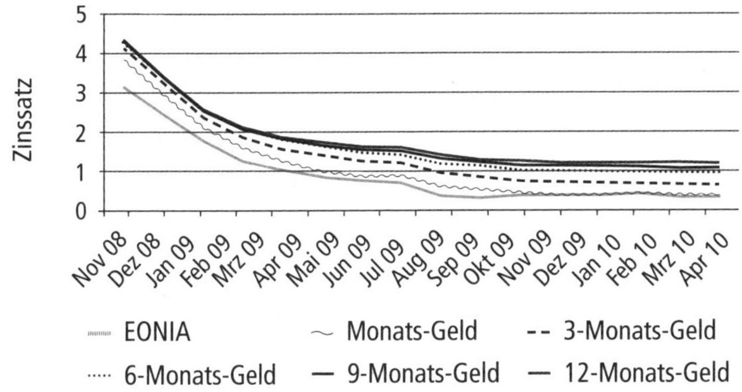

Entwicklung der Euribor-Zinssätze

Euribor-Zinssätze sind Angebotszinssätze unter Banken

Die Euribor-Sätze (es gibt noch weitere von z.B. einer Woche oder für unterschiedliche Laufzeit in Monaten) sind Angebotspreise für Kredite unter Banken. Da sich die Banken zum Leitzinssatz auch von der EZB Geld leihen könnten, orientieren sich die Euribor-Sätze üblicherweise am Leitzinssatz. Hinzu kommt ein Aufschlag aufgrund des höheren Risikos bei Banken als Kontrahenten anstelle der Zentralbank. Üblicherweise sind diese Zuschläge nur gering, im Zeitrahmen des höchsten Misstrauens der Banken untereinander im Herbst 2008 betrug der Aufschlag jedoch bis zu 150 Basispunkte (1,5 Prozent). In Zeiten erwarteter weiterer Zinssenkungen durch die EZB liegen diese Sätze hingegen oft sogar unter dem Leitzinssatz, die Zinssenkungen sind also vom Markt bereits berücksichtigt.

Entsprechende Aussagen gelten auch für die kurzfristigen Zinssätze in anderen Währungen. Hierfür gibt es den Libor („London interbank offered rate").

Tipp

Die Konditionen bei variabel verzinslichen Krediten sollten möglichst klar und einfach gehalten sein, um eine Nachvollziehbarkeit zu ermöglichen und auch die Absicherungschancen mit Standard-Zinssicherungsprodukten zu gewährleisten. Bei Euribor- und Libor-Zinssätzen ist dies der Fall, bei Durchschnittsbildungen von kurzfristigen Zinssätzen und der Sekundärmarktrendite (SMR) jedoch nicht.

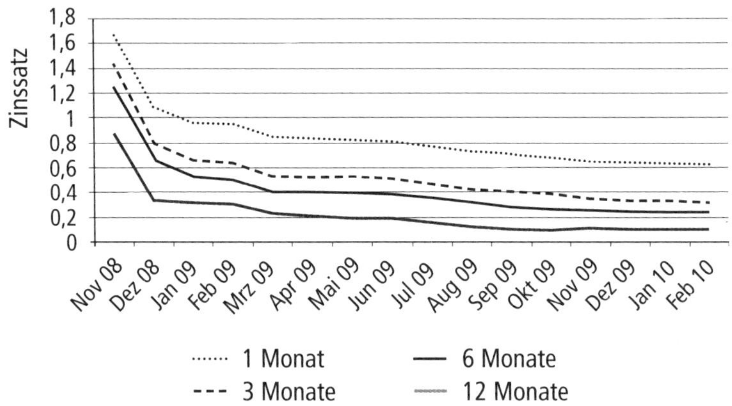

Entwicklung der CHF-Libor-Zinssätze

Anbindung der variablen Kreditzinsen an Euribor oder Libor erhöht die Nachvollziehbarkeit

Bedeutung für den privaten Kreditnehmer erlangen diese Zinssätze am Geldmarkt insbesondere dann, wenn es gilt, klare und nachvollziehbare Regeln für die kurzfristige Anlage von Finanzmitteln oder für die variable Verzinsung von Krediten (Haus- oder Wohnungskauf etc.) zu schaffen. Fehlen diese Regeln, wäre es nicht nachvollziehbar, ob die Bank als Kreditnehmer bzw. -geber dem Anleger Zinserhöhungen und -ermäßigungen jeweils 1:1 weitergibt.

Der Kapitalmarkt

Als Kapitalmarkt bezeichnet man den Finanzmarkt für längerfristige Ausleihungen. Hierbei geht die Restlaufzeit der Finanzanlagen (Anleihen) von 1 bis 30 Jahren. Wesentlich ist, dass vorrangig die kurzen Laufzeiten bis zu zwei Jahre durch die Geldpolitik der EZB (Europäische Zentralbank) stark beeinflusst werden, während die längeren Laufzeiten stärker durch Angebot und Nachfrage sowie Aspekte wie Sicherheit und Inflationserwartung beeinflusst werden. Die folgende Abbildung (► Seite 37 oben) zeigt eine normale Zinsstrukturkurve über Laufzeiten von 1 bis 14 Jahren.

Es ist deutlich zu sehen, dass mit zunehmender Restlaufzeit auch die am Markt erzielbare Rendite zunimmt. Dies ergibt sich daraus, dass mit zunehmender Laufzeit die Unsicherheit über die Entwicklung der Inflation, der Schuldnerqualität etc. schwerer abzuschätzen ist und die Käufer

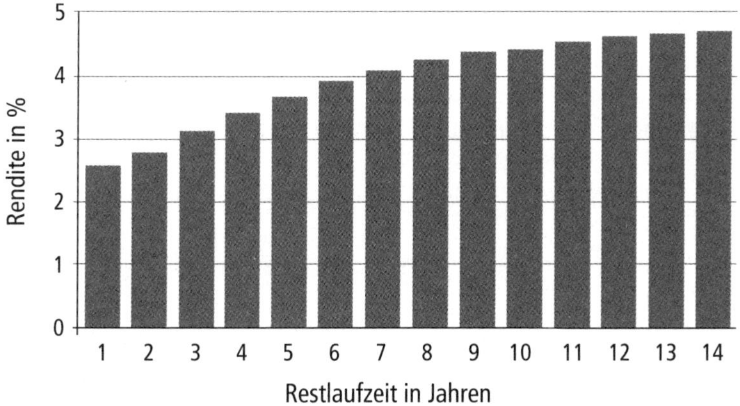

Zinsstrukturkurve am Kapitalmarkt

daher als Ausgleich für diese Unsicherheit eine höhere Rendite erwarten, die Kreditnehmer also eine höhere Zinslast tragen müssen.

Längere Laufzeiten bedeuten längere Sicherheit und einen höheren Preis

Die Konsequenz für Sie als Kreditnehmer ist, dass Sie bei längeren Laufzeiten (z.B. Festlegung auf 10 statt 5 Jahre) einen höheren Zinssatz erwarten können. Jedoch sind Sie für die Zeit der Zinsbindung gegen Zinserhöhungen geschützt und profitieren insofern sogar von einer höheren Inflation, da der Geldwert Ihres Kredits mit zunehmender Geldentwertung durch Inflation abnimmt.

Die folgende Abbildung (► unten) zeigt eine besondere Situation am Kapitalmarkt, die jedoch alle paar Jahre anzutreffen ist: Bei einer

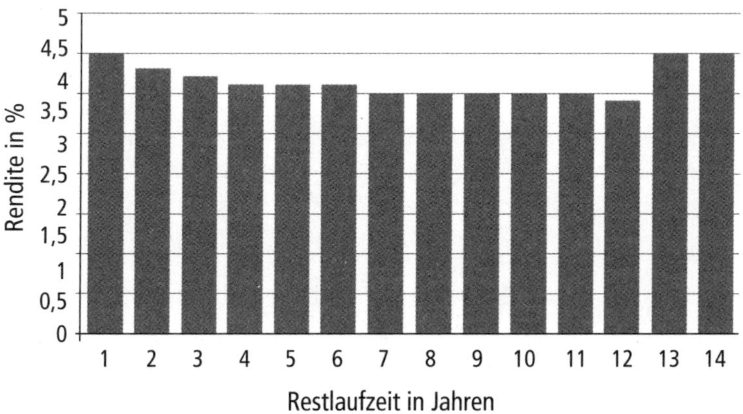

Inverse Zinsstruktur am Kapitalmarkt

inversen Zinsstrukturkurve erhält der Anleger für kurzfristigeres Geld höhere Zinsen als für lange Laufzeiten. Ursächlich hierfür sind schnelle und starke Erhöhungen des Leitzinses durch die EZB. Hier reagieren die kürzeren Laufzeiten stärker auf diese Anhebung.

Darstellung der Zinsrisiken

Für Kreditnehmer liegen die Zinsrisiken immer in Zinssteigerungen. So viel ist klar – und doch ohne Aussagekraft. Denn die Zinssteigerungen bedeuten zwar höhere Zinsausgaben, trotzdem könnte ein Haushalt mit permanenter kurzfristiger Zinsbindung sich besser stellen als mit einem Festzinssatz von z.B. 4 oder 5 Prozent!

Im Mittel der letzten 10 Jahre lag der Euribor bei 3,07 Prozent, aktuell unter 1 Prozent

Nimmt man den 3-Monats-Euribor-Zinssatz der letzten zehn Jahre (1999 – 2010) und bildet auf Basis der Monatswerte einen Durchschnittssatz, so käme man auf eine durchschnittliche Zinsbelastung von nur 3,07 Prozent. Hierauf müsste für die Kalkulation der monatlichen Zinsbelastung dann natürlich noch die Bankmarge addiert werden. Aber erst einmal ohne Bankmarge: 3,07 Prozent sind doch wesentlich weniger als übliche Zinssicherungen zu 4 Prozent (auch plus Bankmarge)!

Die reine Betrachtung eines Durchschnittssatzes beachtet jedoch nicht, dass der Zinssatz zwar einige Zeit auf oder auch unterhalb dieses

Entwicklung 3-Monats-Euribor 1999 – 2009 mit Durchschnittssatz

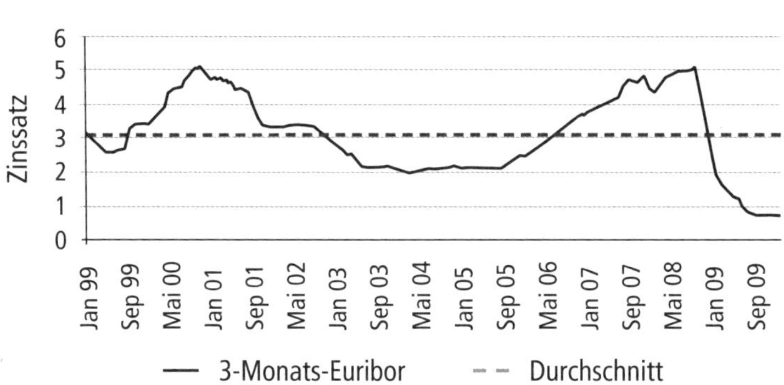

Durchschnitts notiert, jedoch auch eine längere Zeit oberhalb des Durchschnitts. In obiger Betrachtung kam es in den letzten zehn Jahren zumindest zweimal zu Zinssätzen von fünf Prozent. Und niemand kann garantieren, dass das nächste Zinshoch nicht noch über diesen Zinssatz hinausgeht! Hiermit müsste man in jedem Fall rechnen, wenn man aufgrund der hohen Geldmenge mit hohen Inflationsraten rechnet – ähnlich wie in etlichen Jahren vor dem Jahr 1999.

Kredithöhe	3-Monats-Euribor	Bankmarge	Zinssatz gesamt	Zinsen pro Jahr	Zinsen pro Monat
100.000 €	0,75%	1,25%	2 %	2.000 €	166,67 €
100.000 €	1,00%	1,25%	2,25%	2.250 €	187,50 €
100.000 €	2,00%	1,25%	3,25%	3.250 €	270,83 €
100.000 €	3,00%	1,25%	4,25%	4.250 €	354,17 €
100.000 €	4,00%	1,25%	5,25%	5.250 €	437,50 €
100.000 €	5,00%	1,25%	6,25%	6.250 €	520,83 €

Die mögliche Gefahr wird deutlich, wenn man die Beispielrechnung von einem Kredit über 100.000 Euro für den eigenen Kredit anstellt. Jedoch bereits bei diesem Beispiel wird deutlich: Ein Zinsenhoch wie im Jahr 2008 bedeutet eine Verdreifachung der Zinslast von rund 167 Euro auf stolze 520 Euro. Und dies ohne Berücksichtigung der Tilgungsleistung auf den Kredit bzw. die Einzahlung in den endfälligen Tilgungsträger!

Die Bankmarge ist verhandelbar, üblich sind 0,75 bis 2 Prozent

Die Bankmarge ist mit 1,25 Prozent übrigens nicht fix. Sie ersehen Ihre persönliche Bankmarge aus Ihrem Kreditvertrag. In der Praxis beträgt sie zwischen 0,75 und 2 Prozent – gutes Verhandlungsgeschick kann sich hier richtig bezahlt machen!

Jetzt ist das Risiko von Zinssteigerungen zwar verdeutlicht, der wesentliche Schritt kommt aber noch. Dies ist die Frage, wie hoch die Zinsbelastung sein darf, damit diese für Sie selbst noch verkraftbar ist!

Hierfür benötigen Sie einen genauen Überblick über Ihre monatlichen und jährlichen Einnahmen und Ausgaben – kurzum einen detaillierten Haushaltsplan.

Beispiel: Haushaltsplanung 2010 für Martin Moser

Bereich	Januar	usw.	Dezember	Kündigungsfrist
1. Einnahmen				
1.1 Sichere Einnahmen				
– Gehalt	1.600	1.600	1.600	unbefristet
– Kindergeld/ Familienbeihilfe				
Summe sichere Einnahmen	1.600	1.600	1.600	
1.2 Unsichere Einnahmen				
– Schichtzulage	150	150	150	
– Überstunden	250	250	250	täglich
– Zinsen	100	100	100	monatlich
Summe unsichere Einnahmen	500	500	500	
1.3 Ausgleichsposten Einnahmen				
– Entsparen				
– Verschulden				
Summe Einnahmen (€)	2.100	2.100	2.100	
2. Ausgaben				
2.1 Fahrtkosten				
– Treibstoff	– 50	– 50	– 50	
– Kfz-Steuer		– 120		
– Kfz-Versicherung	– 500			
2.2 Telefon	– 87,50	– 87,50	– 87,50	
2.3 Lebensmittel	– 750	– 750	– 750	
2.4 Kreditzinsen + Tilgung	– 400	– 400	– 400	bis 2025
2.5 Unverzichtbare Versicherungen				jährlich
2.6 Kleidung				
2.7 Urlaub				
2.8 Ausgehen	– 150	– 150	– 150	täglich

Auch die Bedienung der Schulden will gewissenhaft geplant sein

Bereich	Januar	usw.	Dezember	Kündi-gungsfrist
2.9 Hobby	– 50	– 50	– 50	jährlich
2.10 Mitgliedschaften				
2.11 Reserve	– 300	– 300	– 300	täglich
2.12 Ausgleichsposten Ausgaben				
– Sondertilgung Kredite				
– Sparen	– 158,37	– 158,33	– 158,33	täglich
Summe Ausgaben (€)	– 2.445,83	– 2.065,83	– 1.945,83	
Jahresumlage Ausgaben				
– Kfz-Steuer	– 10	110	– 10	
– Kfz-Versicherung	458,37	– 41,67	– 41,67	
– Kleidung	– 41,67	– 41,67	– 41,67	
– unverzichtbare Versicherungen	– 58,33	– 58,33	– 58,33	
– Mitgliedschaften	– 2,50	– 2,50	– 2,50	
Summe Jahresumlagen (+) Entnahme, (–) Zuführung (€)	345,87	– 34,17	– 154,17	
Kontrollsumme (€)	0,00	0,00	0,00	

Nur wer seine Belastbarkeitsgrenze kennt, kann frühzeitig vorsorgen

Bei obigem Haushaltsplan (viele Anregungen dazu finden Sie in unserem Buch „Auskommen mit dem Einkommen", ► Seite 183) wurden pro Monat 400 Euro für Kreditzinsen und Tilgung eingeplant. Für Notfälle könnte zusätzlich noch auf die monatliche Sparrate von 158,37 Euro zurück gegriffen werden. Jede zusätzliche Zinsbelastung darüber hinaus würde Einsparungen bei Urlaub, Kleidung etc. bedeuten. Ist dies nicht mehr möglich, können die Kreditzinsen nicht mehr bezahlt werden und es droht die Versteigerung des Wohneigentums.

Wie hoch aber darf der Marktzinssatz steigen, damit dies für Sie noch verkraftbar ist? Nachfolgend ein Beispiel, das Sie auch für Ihren Kreditvertrag als Grundlage nehmen können.

Die maximal zulässige Höhe des variablen Zinssatzes lässt sich errechnen

Beispiel: Kredithöhe 100.000,00 €, Bankmarge 1,25%

	im Monat (€)	im Jahr (€)	in %
Zins- und Tilgung	400	4.800	
– hiervon Tilgung	– 100	– 1.200	
Zinslast gesamt	300	3.600	3,6
– hiervon Bankmarge	– 104,17	– 1.250	– 1,25
= variabler Zinssatz	195,83	2.350	2,35
+ Sparrate	158,37	1.900,44	1,9
= maximaler Zinssatz			4,25

Zielsetzung war es, aus der monatlichen Ausgabe von 400 Euro für Zinsen und Tilgung zu errechnen, wie hoch der variable Zinssatz (3-Monats-Euribor) steigen darf, so dass Sie Ihre Zinsen ohne zusätzliche Einsparungen bezahlen können. Im ersten Schritt ist daher die Tilgung (oder alternativ: die Einzahlung in einen Tilgungsträger) aus den 400 Euro herausgerechnet, im zweiten Schritt die Bankmarge von 1,25 Prozent. Hier verblieb dann der reine (variable) Zinsanteil von 2,35 Prozent. Die monatliche Sparrate von 158,37 Euro ergibt in einem Prozentsatz vom Kreditbetrag umgerechnet 1,90 Prozent (1.900 Euro / 100.000 Euro). Hiermit dürfte der Marktzinssatz 3-Monats-Euribor maximal auf 4,25 Prozent steigen! In den Zinshochphasen lag der 3-Monats-Euribor jedoch höher, nämlich bei rund 5 Prozent. Das heißt: Sie müssen sich um eine Absicherung der Kreditzinsen Gedanken machen.

Allerdings zeigt der Haushaltsplan ein „kleines" Problem: 500 Euro der Einnahmen beruhen auf unsicheren Einnahmen. In Zeiten steigender Zinsen wird es auch vielen Firmen nicht optimal gehen: Durch den Abbau von Überstunden kann für diesen Haushalt ein Teil der Einnahmen wegbrechen. Auch diese Gefahr sollte geprüft und Gegenmaßnahmen (Einsparungen oder zusätzliche Einnahmen) überlegt werden.

Und da (zu) viele Kreditnehmer in Fremdwährung verschuldet sind, ist noch die Umrechnung von Euro in Fremdwährung zu beachten! Da Sie aber ein Währungsrisiko auch bei der monatlichen oder quartalsmäßigen Zinszahlung haben, müssen Sie sich um den richtigen Plan-Umrechnungskurs Gedanken machen. Unter dem Aspekt der Vorsicht sollten Sie hier natürlich nicht mit einem für Sie guten, sondern eher mit einem schlechten Kurs (hohe Aufwertung der Fremdwährung) kalkulieren. So schalten Sie das Risiko von ungeplant hohen Euro-Zinszahlungen bei einer Veränderung der Wechselkurse aus!

Zinsrisiken frühzeitig erkennen

Inflation hat sehr negative Auswirkungen auf alles Vermögen, das nicht in Sachwerten angelegt ist. Denkt man hierbei an eine Hyperinflation mit mehreren 100 oder gar 1.000 Prozent jährlicher Preissteigerung wie zu Beginn der 30er Jahre des vorigen Jahrhunderts, so wird einem die Gefahr einer hohen Geldentwertung direkt klar. Gefährlich kann jedoch bereits eine wesentlich geringere jährliche Inflation sein, wie ein Rechenbeispiel (► Seite 44) zeigen soll.

Eine moderate Inflation von nur 2 Prozent führt demnach zu einem Geldwertverlust von immerhin 33 Prozent innerhalb von nur 20 Jahren. Eine Inflationsrate von jährlich 4 Prozent bedeutet bereits einen Wertverlust von gut 66 Prozent! Betroffen hiervon sind fast alle Vermögensgegenstände (Ausnahmen zum Teil Immobilien, Produktionsanlagen etc.), insbesondere aber alle Sparformen inklusive der Vorsorge für das Alter.

Die EZB erhöht die Zinsen frühzeitig, um spätere (hohe) Inflation zu verhindern

Die Europäische Zentralbank (EZB) ist daher gesetzlich im Besonderen der Geldwertstabilität verpflichtet. Dies ist übrigens ein wesentlicher Unterschied zur amerikanischen Zentralbank (FED), die auch die Förderung des Wirtschaftswachstums zum Ziel hat. Und auch die Schweizer Nationalbank (SNB) schaut nicht nur auf die Geldwertstabilität, sondern auch auf die Förderung der Wirtschaft und den Wechselkurs der Währung. Die EZB definiert Geldwertstabilität nicht mit einer Inflationsrate von 0 Prozent, sondern mit „unter, aber nahe bei 2 Prozent". Hiermit trägt sie der

Jahr	Nominal-betrag (€)	Inflation	Geldwert (€)		Nominal-betrag (€)	Inflation	Geldwert (€)
1	1.000	2%	980		1.000	4%	960
2	980	2%	960,40		960	4%	921,60
3	960,40	2%	941,19		921,60	4%	884,74
4	941,19	2%	922,37		884,74	4%	849,35
5	922,37	2%	903,92		849,35	4%	815,37
6	903,92	2%	885,84		815,37	4%	782,76
7	885,84	2%	868,13		782,76	4%	751,45
8	868,13	2%	850,76		751,45	4%	721,39
9	850,76	2%	833,75		721,39	4%	692,53
10	833,75	2%	817,07		692,53	4%	664,83
11	817,07	2%	800,73		664,83	4%	638,24
12	800,73	2%	784,72		638,24	4%	612,71
13	784,72	2%	769,02		612,71	4%	588,20
14	769,02	2%	753,64		588,20	4%	564,67
15	753,64	2%	738,57		564,67	4%	542,09
16	738,57	2%	723,80		542,09	4%	520,40
17	723,80	2%	709,32		520,40	4%	499,59
18	709,32	2%	695,14		499,59	4%	479,60
19	695,14	2%	681,23		479,60	4%	460,42
20	681,23	2%	667,61		460,42	4%	442,00

Erkenntnis Rechnung, dass eine kleine Geldentwertung für die Förderung des Wirtschaftswachstums durchaus förderlich sein kann.

Der Leitzins ist das wirkungsvollste Instrument der EZB

Um dieses Ziel einer Geldwertstabilität zu erreichen, stehen der EZB mehrere Instrumente der Geldpolitik zur Verfügung. Das bekannteste und wirkungsvollste dieser Instrumente ist der Leitzins der EZB. Zu diesem Zins können sich Banken bei der EZB Geld leihen. Eine Erhöhung dieses Zinses führt damit zu geringeren Krediten an die Banken und über diese zu geringeren Krediten an Industrie und Verbraucher. Hierdurch kommt es mit einem Zeitverzug von 6 bis 9 Monaten nach der Zinserhöhung zu einer Verringerung des Wirtschaftswachstums und damit zumeist auch der Inflation. Ein weiteres Instrument der Geldpolitik ist die Geldmenge.

Hier kann die Europäische Zentralbank die Geldmenge über eine betragsmäßig unbegrenzte Möglichkeit der Kreditaufnahme durch Banken erhöhen und so den Wirtschaftskreislauf anregen. Dies geschah auch 2008 und 2009 durch unbegrenzte Kreditvergabe an Banken mit Laufzeiten bis zu einem Jahr. Wird ein derartiges Geschäft dann nach Fristablauf nicht verlängert, so müssen die Banken die Kredite zurückzahlen und die verfügbare Geldmenge sinkt wieder.

Wesentlich ist, dass sich eine Änderung des Leitzinses vor allem am Geldmarkt und nur in geringem Umfang am Kapitalmarkt auswirkt. In der Praxis rechnet man bei bis zu 2jährigen Kapitalanlagen mit einer starken Reaktion auf Änderungen des Leitzinses, bei längerer Fristigkeit nimmt die Wirkung stark ab.

Da die Banken die Erhöhung und auch die Verringerung des Leitzinses an die Verbraucher weitergeben, ist die Inflationserwartung ein guter Indikator für zukünftige Erhöhungen oder Ermäßigungen des Leitzinses und damit des Zinssatzes für die unterschiedlichen Sparformen und kurzfristigen Kredite.

Zinserhöhungen beginnen zumeist, bevor die Inflation ansteigt

Im dargestellten Zeitraum (► Abbildung unten) von Jänner 1999 bis März 2010 fällt auf, dass die Inflationsraten ab Ende 2007 stark anstiegen. Auch fällt auf, dass die Erhöhungen des Leitzinses oft zeitlich vor dem starken Anstieg der Inflationsrate lagen. Wie aber kann man die zukünftigen Erhöhungen des Leitzinses frühzeitig erkennen?

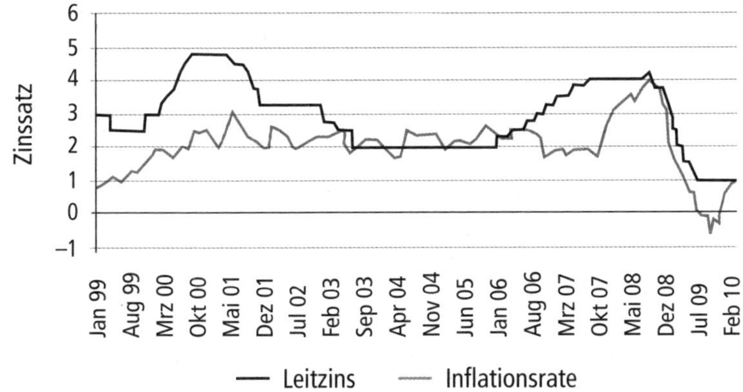

Inflationsrate und Leitzins in Europa von 1999 bis 2010

- Die EZB will die Finanzmärkte möglichst nicht überraschen, sondern bereitet die Öffentlichkeit durch die Wortwahl bei den EZB-Sitzungen vor: Ausblicke auf die mittelfristige Gefahr einer höheren Geldentwertung sind erste Hinweise. Wörter wie „beobachten", „genau beobachten" bzgl. der Inflationsgefahren deuten auf eine anstehende Zinserhöhung hin. Als Beispiel dient, was die Deutsche Bundesbank im August 2005, d.h. kurz vor dem Beginn der Zinserhöhungen Ende 2005 schrieb: „Für die zinspolitische Geradeausfahrt sprach vor allem, dass trotz des ölpreisbedingten Anstiegs der Inflationsrate auf zuletzt 2,2 Prozent bisher keine Anzeichen für den Aufbau eines binnenwirtschaftlichen Inflationsdrucks auf mittlere Sicht vorliegen, die eine Abkehr von dieser Linie nahe legen würden. Allerdings müssen die Preisrisiken, die zweifellos mit dem Ölpreisanstieg und der gleichzeitig erfolgten Abwertung des Euro verbunden sind, anhaltend genau beobachtet werden. Hinzu kommt, dass auch die großzügige Liquiditätsausstattung im Euro-Währungsraum weiterhin eine hohe geldpolitische Wachsamkeit erfordert." (Hervorhebungen vom Autor)

  Die Fachsprache der EZB enthält Botschaften zwischen den Zeilen

  Hier hat die Deutsche Bundesbank als Bestandteil der Europäischen Zentralbank den Markt durch die Wortwahl auf die anstehenden Zinserhöhungen vorbereitet. Natürlich kann und sollte man hier die Originalquelle, d.h. den Redetext vom Vorsitzenden der EZB, verwenden. Aufgrund der Verständlichkeit (englische Spezialausdrücke) haben wir an dieser Stelle davon abgesehen. Auch erhalten Sie die Übersetzung mit der Berichterstattung in österreichischen Zeitungen und im Internet.
- Nur sehr selten kommt eine Änderung des Leitzinses alleine. Üblich sind mehrere Trippelschritte von 0,25 bis 0,5 Prozent im Abstand von zwei Monaten, im Schaubild sehr schön zu sehen ab 1999 und ab 2005.

Die Zinsentwicklung ab 1999, d.h. für die letzten 10 Jahre, zu betrachten ist wichtig. Aber was ist mit der Zeit vorher?

In unserer nächsten Abbildung (► Seite 47) ist die Entwicklung des Diskontsatzes der Deutschen Bundesbank von 1948 bis zur Umstellung auf den Leitzinssatz der EZB 1999 zu sehen. Der deutsche Diskontsatz

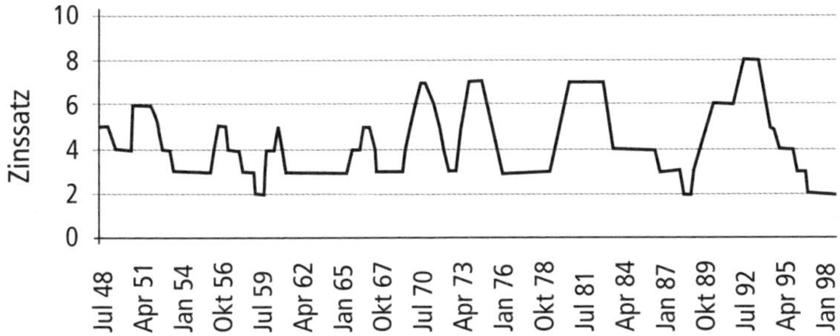

Diskontsatz der Deutschen Bundesbank von 1948 bis 1998

deswegen, da die Leitlinien der Europäischen Zentralbank aus denen der Deutschen Bundesbank abgeleitet wurden und der Diskontsatz quasi der Vorgänger des Leitzinses der EZB ist. Als wesentliche Erkenntnis liefert die Grafik die Aussage, dass es vor 1999 Zeiten von wesentlich höheren Zinsen gab! Bis zu acht Prozent betrug der Diskontsatz als quasi Leitsatz, der 3-Monats-Euribor wäre mit Aufschlag auf den Leitzins noch höher gewesen. So erschreckend dieser Anblick ist, darf auch nicht übersehen werden, dass sich einiges im Umfeld der Zinspolitik geändert hat:

Seit 1948 gab es Zeiten, in denen der Leitzins auch 8 Prozent betrug

- Die Deutsche Bundesbank machte ihre Zinsschritte immer in vollen Prozentpunkten, die EZB arbeitet mit kleineren, aber schnelleren Schritten von 0,25 bis 0,50 Prozent.
- Die Gefahr einer höheren Inflationsrate wurde in früheren Jahren als nicht so gravierend von der Politik angesehen. Von daher war die Reaktion der Notenbank, die nur das Ziel der Geldwertstabilität kennt, entsprechend heftiger.
- Die Steuerung der Zinspolitik durch die EZB ist wesentlich professioneller geworden, indem bereits bei Gefahr von mittelfristiger Inflation reagiert wird. Hier läuft die EZB mit ihren Zinserhöhungen der Inflation zeitlich vorne weg und steuert so dem hohen Aufbau von Zinsspitzen entgegen.

Dennoch kann es natürlich keine Sicherheit geben, dass es auch zukünftig zu höheren Inflationsraten und damit Erhöhungen des EZB-Leitzinses kommt als in den letzten zehn Jahren.

Was aber haben diese Erkenntnisse mit dem Verhalten der Kreditnehmer zu tun?

Verhaltensregeln, um den Wellentälern der Zinsentwicklung zu begegnen

1. Bei anstehenden Zinserhöhungen sollte der langfristigere Kapitalmarkt gesucht werden. Mit Festzins- oder Höchstzinsvereinbarungen können Sie sich gegen die Zinserhöhungen absichern und stellen sicher, dass das Einkommen zur Zinsenzahlung ausreicht.
2. Bei anstehenden Zinssenkungen sollten hingegen stärker kurzfristige bzgl. variable Zinsvereinbarungen geschlossen werden. Jede Zinssenkung würde so zu einer Verringerung der Zinszahlungen führen, was bares Geld und die Möglichkeit von Sondertilgungen für den Kreditnehmer bedeutet.
3. Natürlich kann man sich bei Punkt 2 auch einfach irren. Dieses Risiko kann man nur durch eine sehr langfristige Zinsbindung ausschalten, idealerweise mit gleicher Laufzeit wie der Kredit.

Die Höhe der möglichen Zinssatzerhöhungen lässt sich leider nicht sinnvoll prognostizieren. Aktuell rechnen einige der Marktteilnehmer mit hohen Inflationsraten wie z.B. in den 70er Jahren des letzten Jahrhunderts. Begründet wird dies mit den erheblichen Liquiditätszuführungen an Banken, Finanzwelt und Wirtschaft durch die Zentralbanken im Rahmen der Immobilien- und Bankenkrise. Weitere Marktteilnehmer sehen eine hohe Inflation als einzige Möglichkeit einer Entschuldung der Regierungen und Staaten. Andere Marktteilnehmer hingegen rechnen auch zukünftig mit nur moderaten Inflationsraten wie seit 1999. Begründet wird dies damit, dass insbesondere die Europäische Zentralbank ausschließlich der Geldwertstabilität (Vermeidung von Inflation) verpflichtet ist und die überschüssige Liquidität frühzeitig genug aus dem Markt absaugen wird.

Und genau damit hat die Europäische Zentralbank im Dezember 2009 begonnen. Wurde die vorübergehende Liquiditätszufuhr über ein Jahr Laufzeit noch zu einem Festzinssatz von einem Prozent zugeteilt, so geschah dies jetzt zu einem Durchschnittssatz, der erst im Nachhinein ermittelt wird. Hierdurch wird diese Kreditmöglichkeit für die Banken tendenziell teurer, wird nicht mehr so intensiv genutzt und die Geldmenge sinkt tendenziell.

Das Wirtschaftsblatt führte hierzu am 11.12.2009 aus: „Die Europäische Zentralbank (EZB) kann nach den Worten ihres Präsidenten Jean-Claude Trichet mit ihrem angekündigten schrittweisen Rückzug aus den Liquiditätshilfen beginnen. In Hinblick auf die Geldpolitik sei der Markt nun stabil genug, so dass die EZB einige der Hilfen zurückziehen könne, sagte Trichet am Donnerstagabend in einer Rede an der Universität Cambridge in Großbritannien. Trichet hatte Anfang November angekündigt, die EZB werde im Dezember Details zu ihrer Ausstiegsstrategie aus der Politik des billigen Geldes bekannt geben." Der erste Schritt in den nächsten Zinserhöhungszyklus ist damit gemacht. Der Finanzmarkt rechnet ab Herbst/Winter 2010 mit den ersten realen Zinserhöhungen.

Psychologie der Zins-Absicherung

Wann ist der richtige Zeitpunkt, um über eine Absicherung der eigenen Zinsrisiken nachzudenken? Hier befindet sich der Kreditnehmer in einer Zwickmühle: eine zu frühzeitige Absicherung bedeutet, dass die (noch) niedrigen kurzfristigen Zinsen im Euribor oder Libor nicht bis zum Zinserhöhungszyklus genutzt werden können. Eine zu späte Absicherung bedeutet hingegen, sich ein (wesentlich) erhöhtes Zinsniveau für lange Jahre zu sichern – und entsprechend nicht oder sehr spät am späteren erneuten Zinssenkungszyklus zu partizipieren. Eine schwere Entscheidung.

Die Zahlenwelt der Kredite und Zinsen hat sehr viel mit Psychologie zu tun

Österreichs Nachbarn in Deutschland kennen dieses Problem nicht in diesem Ausmaß: Eine Vielzahl der Kredite dort sind mit 5- bis 20jähriger fester Zinsbindung versehen, Währungskredite spielen zumindest im Privatbereich keine wesentliche Rolle. Psychologisch gesehen gibt es offenbar ein höheres Sicherheitsdenken als in Österreich. Zwar werden die Zinstiefstpunkte nicht genutzt, eine Fehlentscheidung bei steigenden Zinsen ist jedoch auch kaum möglich. Und es besteht die hohe Sicherheit, mit den aktuellen Einkommensverhältnissen Zinsen und Tilgung bezahlen zu können.

Dem Österreicher mag zuerst einmal ein Blick in die Zinskurve beim 3-Monats-Euribor der letzten zehn Jahre helfen (Abbildung ► Seite 50).

Entwicklung 3-Monats-Euribor von 1999 bis 2010

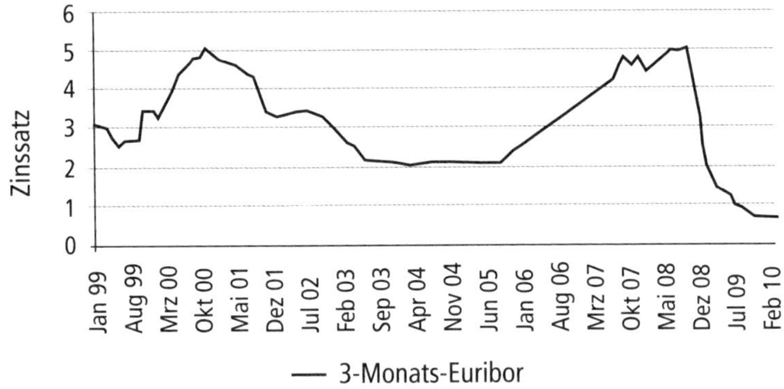

Für die Vergangenheit (!) sind Zinstäler zwischen zwei und drei Prozent und Zinsgipfel von bis zu fünf Prozent zu sehen. Vor letzteren müssen sich Kreditnehmer schützen, insbesondere da sie ja erst nach dem Gipfel wissen, wo das Ende der Fahnenstange erreicht war.

Weitere Erkenntnis ist auch, dass der Zeitraum des erstmaligen Überschreitens der 4-Prozent-Marke bis zur Rückkehr in die Normalzone unter vier Prozent durchaus anderthalb bis zwei Jahre dauert, es könnte jedoch als Risiko auch länger dauern. Das Zinstief ist auch mit einer Dauer von zwei Jahren anzusetzen, jedoch ist damit zu rechnen, dass es auch kürzer dauern kann.

Die Erwartung der Vertragspartner hat sehr viel Einfluss auf die Preise

Während obige Erkenntnis zwar zusätzliche Informationen für die Entscheidung liefert, jedoch noch nicht sehr klar ist, steht eine Tatsache immer fest: für unsere Zinsabsicherung benötigt man einen Vertragspartner! Dieser wird seine Markterwartung zu steigenden oder fallenden Zinsen immer auch in den Produktpreis einkalkulieren. Dies bedeutet z.B. bei einem Zinsniveau von 4 Prozent für die Kosten einer Zinsabsicherung auf dem Niveau von vier Prozent:

Vertragspartner erwartet

- künftig steigende Zinsen: sehr hoher Produktpreis
- gleich bleibende Zinsen: mittlerer Produktpreis
- niedrigere Zinsen: geringer(er) Produktpreis

Jetzt ist jeder der Marktteilnehmer, Sie als Kreditnehmer und der Produktanbieter als Vertragspartner, bei der Zinsabsicherung weitgehend den gleichen Informationen und Meldungen ausgesetzt. Zwar ist der Produktanbieter hier „rationaler" aufgestellt und kann die Anzeichen von Volkswirtschaft und Zentralbank besser deuten, den allgemeinen Meinungsbildnern jedoch kann auch er sich nicht entziehen. Hieraus folgt ein gewisses Herdenverhalten aller Marktteilnehmer:

Das Herdenverhalten der Marktteilnehmer verstehen

- bei sinkenden Zinsen werden weiter sinkende Zinsen erwartet
- bei gleichbleibenden Zinsen wird dies für die Zukunft unreflektiert fortgeschrieben
- bei steigenden Zinsen rechnet jeder mit immer weiter steigenden Zinsen.

Daraus folgt, dass eine Zinsabsicherung – vom Produktpreis aus gesehen – immer dann am günstigsten zu haben wäre, wenn jeder Marktteilnehmer mit sinkenden oder (noch lange) gleichbleibenden Zinsen rechnet. Denn dann würde die Zinsabsicherung nicht benötigt und der Verkäufer hätte ein Entgelt ohne Gegenleistung. Und am teuersten, wenn jeder mit (noch vielen) Zinserhöhungen rechnet. Letzteres sollte zwar vermieden werden, kommt in der Praxis jedoch andauernd vor: Viele Zinssicherungen werden so am Höhepunkt des Zinsanstiegs oder kurz davor vereinbart. In fast panischer Angst vor (vielen) weiteren Zinserhöhungen werden teure und langfristige Absicherungen vereinbart.

Einen optimalen Zeitpunkt im Vorhinein zu bestimmen ist nicht möglich, den niedrigsten Zinssatz wird man selten treffen. Sie können sich dem jedoch annähern, indem Sie versuchen, die psychologischen Faktoren durch nachvollziehbare Regeln etwas auszuschalten. Im Beispiel des 3-Monats-Euribors könnten diese z.B. lauten:

- Nach einem Jahr im Zinstief werden Wettbewerbsangebote zu Zinsabsicherungen eingeholt und Alternativen überlegt.
- Steigt der 3-Monats-Euribor vom Zinstief um X Prozent (z.B. 0,5 Prozent), so wird die Zinssicherung abgeschlossen.
- Die Laufzeit der Zinssicherung sollte bis in den nächsten Zinssenkungszyklus reichen. Dies sind in obiger Historien-Reihe

rund vier bis fünf Jahre. Auf der sicheren Seite sind Sie jedoch mit einer Absicherung bis zum Ende der Kreditlaufzeit.

Je nach Referenzzinssatz, bisherigem Verlauf und dem aktuellen wirtschafts- und zinspolitischen Umfeld können diese Regeln natürlich auch anders lauten. Dies sieht man auch leicht in Europa vor 1999, als es aufgrund hoher Inflation auch hohe Leitzinsen (► Seite 47) und damit kurzfristige Marktzinsen gab: Zinsgipfel von auch 8 Prozent, die jede Finanzierungskalkulation zerstören würden. Aufgrund der einseitigen Ausrichtung der Europäischen Zentralbank auf die Erhaltung der Geldwertstabilität und damit auf die Vermeidung von Inflation ist anzunehmen, dass diese Zeiten hinter uns liegen. Doch letztlich kann auch das ein Irrtum sein. Und es gibt genügend namhafte Finanzexperten, die zukünftig hohe Inflationsraten erwarten: unter anderem als Mittel der Regierungen, um die Schuldenlast der Staaten durch eine höhere Inflation abzubauen.

Sicherheit sollte besser Vorrang haben

Psychologisch gesehen werden Sie nach Ihrer Entscheidung für eine Zinsabsicherung immer eine Bestätigung haben wollen, dass Sie die richtige Entscheidung im richtigen Zeitpunkt getroffen haben. Diese oft sogar quantitative Aussage (bester Zinssatz ...) sollte strikt vermieden werden. Sie haben kaum eine Chance zur Erzielung des besten Abschlusses und der besten Konditionen – maximal noch mit viel Glück. Sie haben jedoch in jedem Fall eine Entscheidung für „mehr Sicherheit" und damit „mehr Lebensgefühl" getroffen. Aufgrund der vereinbarten Zinsabsicherung haben Sie die Gewissheit, dass Sie die Kreditzinsen in den nächsten Jahren bezahlen können, auch wenn der Marktzinssatz extrem ansteigt. Und diese Sicherheit und das damit verbundene Lebensgefühl sind mehr wert als die Quantifizierung einer Entscheidung bis hinter das Komma.

Absicherung der Zinsrisiken

Wie bereits angesprochen, müssen Sie sich gegen Zinsanstiege über das für Sie finanziell Verkraftbare hinaus absichern. Dieses können Sie durch einen Festzinssatz, eine Zinsobergrenze, einen Zinsentausch und einige

Varianten hiervon machen. Sie sollten jedoch folgende Aspekte immer mit im Auge behalten:

Kosten der Absicherung

Jede Absicherung kostet Geld. Dieser Preis wird dann gering(er) sein, wenn Ihr Vertragspartner damit rechnet, dass seine z.B. Höchstzinsgarantie nicht benötigt wird. Eine von der Zinshöhe sehr niedrig angesetzte Vereinbarung wird hingegen wesentlich teurer sein.

Zeit der Absicherung

Die Entscheidung zur „richtigen" Laufzeit ist schwierig

Es besteht immer das Risiko, dass zum Ende der Zinsabsicherung wieder bzw. immer noch ein hohes Zinsniveau besteht. Dieses Risiko ist kaum gänzlich auszuschließen, so dass die Laufzeit der Absicherung nach obigen Gesichtspunkten (► Seite 51) genau überlegt sein sollte.

Wettbewerb nutzen

In diesem Buch werden wir Sie gesondert bei den unterschiedlichen Produkten darauf hinweisen, wenn Sie die Absicherungs-Produkte nicht zwingend bei Ihrer kreditgebenden Bank abschließen müssen. Hierdurch steigt Ihre Vergleichsmöglichkeit und damit auch Ihre Verhandlungsposition. Nutzen Sie dies durch frühzeitige Preisvergleiche!

Mindesthöhe der Kreditsumme

Bei einigen der Praxis-Beispiele sind recht hohe Mindesthöhen für die Kreditsumme vorgesehen. Lassen Sie sich hiervon nicht irritieren! Zum einen ist dies Verhandlungssache, zum anderen kann es die nächste Bank auch mit niedrigeren Summen anbieten.

Risiken durch Übersicherung

Eine Übersicherung über die Kredithöhe und die Kreditlaufzeit hinaus bedeutet, dass Sie hier für den Fall der Übersicherung neue Risiken eingehen. Übersicherungen sollten daher möglichst vermieden werden. Lassen sie sich nicht vermeiden, müssen Sie sich über die hieraus resultierenden Risiken im Klaren sein.

(Sonder-)Tilgungen berücksichtigen

Je nach Art der Absicherung fixieren Sie nicht nur einen festen Zinssatz, sondern auch eine bestimmte Kredithöhe. Hierdurch kann es sein, dass Sie keine Tilgungen bzw. Sondertilgungen mehr durchführen können oder sich diese nur eingeschränkt in Form von Zinsersparnis bemerkbar machen. Hier sollte unter Umständen der absehbare Betrag an Tilgungsleistungen nicht abgesichert werden. Aber fragen Sie auch explizit im Treasury-Bereich Ihrer Bank nach: auch feste Tilgungspläne lassen sich in Absicherungsprodukte wie den Zins-Cap einbauen, es wird nur meistens vergessen.

Sicherungsgeber analysieren und beurteilen

Eine Garantie ist nur so gut wie der Garantiegeber

Sie wollen eine Absicherung gegen (zu) hoch steigende Zinsen. Und natürlich soll Sie das nichts oder kaum etwas kosten?! Vergessen Sie nicht, dass jede Garantie (hier: gegen Zinssteigerungen) immer nur so gut wie der Garantiegeber ist. Sie sollten daher immer darauf achten, dass dieser (nach heutigem menschlichem Ermessen) die Garantie auch einlösen kann. Spätestens seit der Insolvenz der amerikanischen Investmentbank Lehman Brothers ist offensichtlich, dass auch international tätige Banken ausfallen können. Dies gilt möglicherweise erst recht für den Herausgeber eines besonders günstigen Optionsscheins. Insbesondere im Bereich der Zinsabsicherungen werden Sie im Folgenden Praxis-Beispiele von österreichischen Banken besprochen finden.

Bausparkredit

Bausparkredite werden von Österreichs sechs Bausparbanken vergeben. Bei zweien hiervon werden Festzinskredite angeboten, bei allen sechsen auch Kredite mit variablem Zinssatz. Dieser ist jedoch nur in einem vorgegebenen Rahmen variabel: Ein Mindestzinssatz und ein Höchstzinssatz begrenzen Chancen und Risiken dieser traditionellen und auch staatlich geförderten Kreditart.

An dieser Stelle wird auf die Besonderheiten von Bausparkrediten nicht tiefer eingegangen. Grund dafür ist die Themenstellung, d.h. die Absicherung von bestehenden (variabel verzinsten) Krediten gegen Zinssteigerungen. Hierfür kommen Bausparkredite nicht in Frage, da sie vor der Auszahlung eine langjährige Einzahlungsphase haben. Die Besparung eines Bausparkontos parallel zu einem laufenden Kredit macht jedoch keinen Sinn! Hier wäre es vernünftiger, mit den jeweiligen Ersparnissen eine (kontinuierliche) Teiltilgung durchzuführen. Dies spart sofort Fremdkapitalzinsen und senkt das finanzielle Risiko von Zinssteigerungen.

Bei der Neuaufnahme eines Kredits hingegen macht die Überlegung eines Bausparkredits durchaus Sinn. Hier gelten die nachfolgenden Überlegungen zum Festzinskredit und zu Höchstzinssätzen (Cap) entsprechend.

Festzinskredit

Die traditionelle und sehr sichere Methode, um sich gegen steigende Zinsen während der Kreditlaufzeit abzusichern, ist ein Festzinskredit. Wobei zu beachten ist, dass dieser Festzinskredit natürlich nur während seiner Laufzeit, d.h. der Zinsbindungsdauer, vor Zinserhöhungen schützt. Es besteht generell das Risiko, dass das Auslaufen des Festzinskredits in eine Hochzinsphase fällt und dann für eine gewisse Zeit höhere Zinsen zu zahlen sind.

Der traditionelle Festzinskredit ist sicher und empfehlenswert

Schützen kann man sich gegen dieses Risiko durch die Wahl einer möglichst langen Zinsbindungsfrist. Hier macht es aus dreierlei Gründen einen Unterschied, ob eine Frist von 5, 10, 15 oder gar 20 Jahren gewählt wird:

- Je länger die Zinsbindungsfrist ist, desto stärker ist das Risiko von Zinserhöhungen unter Kontrolle
- Je länger die Zinsbindungsfrist ist, desto höher ist allerdings auch der Zinssatz, der als Fixzinssatz vereinbart wird. Den Grund hierfür

sehen Sie an der Grafik zum Kapitalmarkt zur normalen Zinskurve (► Seite 37). Sicherheit hat hierbei durchaus seinen Preis.

- Während der Festzinszeit ist es normalerweise nicht möglich, Sondertilgungen auf den Kredit durchzuführen. Dies liegt an der Refinanzierung des Kredits bei der Bank, die im Falle von Sondertilgungen zumindest den hierdurch entstandenen Schaden ersetzt haben möchte.

Während variable Zinsvereinbarungen kurzfristiger Natur sind und auf dem Geldmarkt (► Seite 34) und im Euro-Raum z.B. auf dem Referenzzinssatz 3-Monats-Euribor aufbauen, orientieren sich mittel- bis langfristige Kreditverträge am Kapitalmarkt. Im Falle einer (üblicherweise) normalen Zinsstrukturkurve liegen die mittel- bis langfristigen Zinssätze über denen für die kurze Frist. Allerdings kennt auch der Kapitalmarkt unterschiedliche Zinssätze bei gleicher Laufzeit in Abhängigkeit von der Bonität des Schuldners.

Durch Pfandbriefe können sich Banken kostengünstig refinanzieren

An dieser Stelle hat der Gesetzgeber in Österreich und Deutschland eine Besonderheit zum Vorteil der Kreditnehmer geschaffen. Hintergrund ist, dass sich die kreditgebenden Banken in der Regel am Kapitalmarkt refinanzieren müssen. Ihren Kreditnehmern werden sie im vereinbarten Festzinssatz sowohl die Refinanzierungskosten vom Kapitalmarkt als auch eine Bankenmarge verrechnen. Der Staat hat den Banken jetzt die Herausgabe von sogenannten „Pfandbriefen" ermöglicht. Das Pfandbriefgesetz (Gesetz über die Pfandbriefe und verwandten Schuldverschreibungen öffentlich-rechtlicher Kreditanstalten) wurde im Jahr 1927

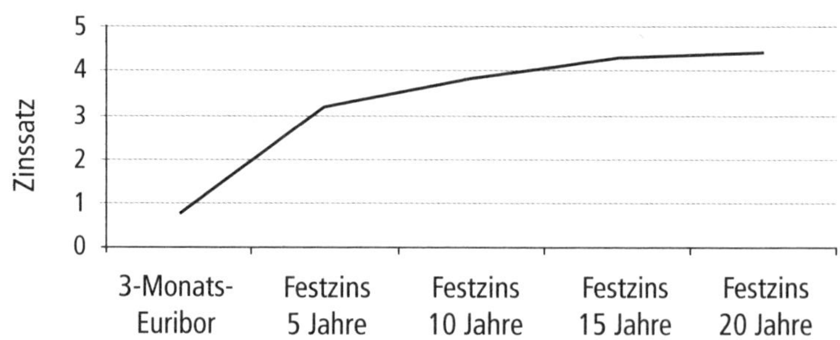

Zinsen für Hausbau bei unterschiedlicher Dauer der Zinsbindung Anfang 2010

erlassen und zuletzt 2005 geändert. Hiernach werden als Pfandbriefe ausschließlich Schuldverschreibungen (Anleihen) einer öffentlich-rechtlichen Kreditanstalt bezeichnet, sofern diese durch Hypotheken gesichert sind. Die Bestimmungen zum Schutze der Pfandbriefgläubiger sind hierbei sehr streng:

- Der Gesamtbetrag der umlaufenden Pfandbriefe muss zumindest zu 100 Prozent durch Hypotheken gesichert sein, die mindestens den gleichen Zinsertrag bringen wie der Pfandbrief selbst.
- Zusätzlich sind 2 Prozent der umlaufenden Pfandbriefe in ersatzdeckungsfähigen Werten (Geld, Guthaben bei Notenbank, börsenotierte Anleihen) zu halten.
- Die Sicherheiten für die Pfandbriefe werden in ein Deckungsregister eingetragen und werden im Falle einer Insolvenz als Sondervermögen behandelt. Dies bedeutet, dass diese Sicherheiten ausschließlich zur Rückzahlung der Pfandbriefe an die Pfandbrief-Gläubiger vorbehalten sind, andere Gläubiger haben hierauf weder Anspruch noch Zugriff.

Aufgrund der hohen Sicherheit von Pfandbriefen für den Gläubiger (Kapitalanleger) muss die herausgebende Bank nur einen Zinssatz knapp über dem Zinssatz für öffentliche Schuldner wie der Republik Österreich bezahlen. Und kann diesen Kostenvorteil natürlich an den Kreditnehmer weitergeben.

Bedauerlicherweise ist das Angebot an Festzinsvereinbarungen in Österreich nicht sehr groß. Von Kreditvermittlern wird oft sogar behauptet, dass es Zinsbindungen über mehr als fünf Jahre in Österreich nicht gäbe. Dies jedoch ist falsch. Auch die österreichischen Großbanken haben Angebote von zumindest zehn Jahren Zinsbindung. Und im Zweifelsfall sollte man als Kreditnehmer den kleinen Aufwand von etwas Internetrecherche oder einigen Anrufen bei Banken im größeren Bruderstaat nicht scheuen. Zumindest im grenznahen Bereich oder den größeren Städten sind auch Finanzierungen durch deutsche Banken mit entsprechend längeren Zinsbindungsfristen möglich. Und auch durchaus günstig: die „Stiftung Warentest" hat im Januar 2010 einen Festzinskredit über 24 Jahre mit einem Effektivzinssatz von nur 4,02 Prozent gefunden, bei der

Das Angebot an langfristigen Festzinskrediten könnte in Österreich besser sein

Tipp

Vergleichen Sie die Zinshöhen richtig zwischen variabler und fester Zinsvereinbarung. Bei der festen Zinsvereinbarung ist die Bankenmarge zumeist in den Zinssatz eingerechnet. Bei variabler Zinsvereinbarung haben Sie den Referenzzinssatz (z.B. 3-Monats-Euribor oder 3-Monats-CHF-Libor) und zusätzlich die Bankmarge. Der im Kreditvertrag aufgeführte variable Zinssatz für die erste Zinsperiode (bei 3-Monats-Zinssatz das erste Jahresquartal) entspricht nicht zwingend dem realen Marktzinssatz. Diese Lock-Zinssatz-Taktik spielen alle Banken und Bausparkassen, sowohl im Bereich Hypothekar- als auch Privat-Kredit. Entscheidend ist die Zinsgleitklausel. Hier wird die Marge, der Referenzzinssatz etc. geregelt – darum sollten Sie prüfen, mit welchem Zinssatz Sie unter den aktuellen Bedingungen rechnen müssen.
Und Sie sollten die Angebote mit einem realistischen Zinssatz durchrechnen – nicht mit den unrealistischen Anfangszinssätzen. Wichtig ist auch, wie sich die monatliche Belastung oder die Gesamtbelastung verändert, wenn Zinserhöhungen stattfinden. Überprüfen Sie dies, damit Sie nicht aufgrund eines marktunüblich niedrigen Zinssatzes eine falsche Entscheidung treffen.

Bausparkasse Schwäbisch Hall. Und da der Effektivzinssatz auch Kosten und die Bankmarge beinhaltet, sind diese 4,02 Prozent deutlich weniger als eine Zinsobergrenze oder ein Swap mit 4 Prozent Zinssatz – jedoch ohne Bankmarge. Vier Prozent Festzinssatz inkl. Bankmarge von z.B. 1,25 Prozent ergibt einen Zinssatz vor Bankmarge von 2,75 Prozent. Der durchschnittliche Euribor-Zinssatz lag bei 3,07 Prozent. Also: auch Sicherheit und ruhiger Schlaf können sehr günstig zu haben sein!

Im Festzinskredit ist die Bankmarge bereits enthalten

Bei dem Wechsel von einem variabel verzinslichen Kredit in einen Festzinskredit kommt es zu einem neuen Kreditvertrag. Dieser sollte sich gegenüber dem bisherigen natürlich nur bezüglich der Zinsbindungsfrist und einer Regelung bei vorzeitiger Tilgung (Vorfälligkeitsentschädigung) unterscheiden. In jedem Fall sollten Sie darauf achten, dass von der Bank nicht versehentlich die gesetzliche Kreditgebühr in Höhe von 0,8 Prozent des Kreditbetrages neu berechnet wird. Hierauf hat der Gesetzgeber bei Umschuldungen von bestehenden Kreditverträgen eindeutig verzichtet, was jedoch nicht jeder Bankmitarbeiter weiß.

Zinscap-Vereinbarungen

Bei einer Zinscap-Vereinbarung wird ein maximaler Höchstzinssatz für den Kredit vereinbart. Unterhalb dieses Maximal-Zinssatzes verhält sich der Kredit wie eine variable Zinsvereinbarung, ab Erreichen des Cap wie eine Festzinsvereinbarung. Diese Absicherung unter Beibehaltung der Vorteile bei niedrigen Zinsen hat natürlich ihren Preis. Und durch die Art der Preisberechnung bzw. -verrechnung kommt es zu unterschiedlichen Produktvarianten, die je nach Ausgestaltung und Marktumfeld durchaus ihren besonderen Reiz für Kreditnehmer oder Bank haben können.

Zinscap

Bei einem Zinscap vereinbaren Sie mit der Bank eine Zinsobergrenze für eine bestimmte Laufzeit, einen bestimmten Kapitalbetrag und einen festgelegten Referenzzinssatz. Steigt der Referenzzinssatz während der Laufzeit der Zinssicherung über die Cap-Obergrenze, so erhalten Sie für diese Periode(n) von der Bank eine Ausgleichszahlung. Diese entspricht in ihrer Höhe der Differenz zwischen Referenzzinssatz und niedrigerer Cap-Obergrenze.

Beim Überschreiten des Höchstzinssatzes gibt es eine Ausgleichszahlung der Bank

Ein praktisches Beispiel

- Volumen .... ab € 1.000.000
- Tilgung .... endfällig
- Zinszahlung .... vierteljährlich
- Zinsberechnung Act/360

- Währung .... Euro
- Referenzzinssatz 3-Monats-Euribor
- Laufzeit .... 5 Jahre
- Zinsobergrenze .... 4 %
- Einmaliger Prämienaufwand .... 1,5 %

- Referenzzinssatz aktuell .... 1,62 %

Welche Daten sind dafür wichtig?

- Währung: Ist immer die Währung des Kredites
- Referenzzins: Libor beim CHF, Euribor beim Euro mit der entsprechenden Laufzeit (1-Monats-Libor, 3-Monats-Libor, 6-Monats-Libor etc.)
- Kapitalbetrag: entspricht üblicherweisedieser dem Kreditbetrag

Leider haben wir beim Zinscap kein geeignetes Praxis-Beispiel gefunden, so dass wir es in diesem Fall einmal selbst erstellt haben (► Seite 59).

Wesentlich und typisch für Zinscaps ist hierbei:

- Mindestbetrag. Der Mindestbetrag ist oft sehr hoch angesetzt. Dies liegt oft an den dem Zinscap zugrundeliegenden Optionen bzw. Optionsscheinen, welche von der Bank am Markt eingekauft werden müssen.

Sicherheit kostet Geld: Der Prämienaufwand muss ins Budget passen

- Einmaliger Prämienaufwand. Der Prämienaufwand ergibt sich einerseits aus einem Gewinnbeitrag für den Produktanbieter und andererseits aus dem Risiko für diesen, dass der Zinscap auch in Anspruch genommen wird. Er ist damit abhängig von:
  - der Laufzeit (je länger, desto höher wird die Prämie sein)
  - der Zinsobergrenze (je niedriger, desto höher wird die Prämie sein)
  - dem Abstand zum Referenzzinssatz (je geringer, desto höher wird die Prämie sein)
  - der Zinsentwicklung (je weiter fortgeschritten im Zinstal, desto höher wird die Prämie sein).

Tipp

Sowohl die einmalige Prämie als auch der Mindestbetrag sind Verhandlungssache mit der Bank. Kontrollieren Sie bei der Prämie immer, ob Sie diesen Einmalaufwand auch finanziell zum Zeitpunkt des Vertragsabschlusses aufbringen können.

Der Zeitpunkt der Zinsabsicherung (siehe auch „Psychologie der Zins-Absicherung", ► Seite 49) spielt also eine wichtige Rolle bei dem Einkaufspreis der Absicherung für den Kreditnehmer.

Zinscap-Pools

Wie beim Zinscap zu sehen war, sind die meisten Produkte mit einer sehr hohen Mindestsumme ausgestattet. Wobei natürlich immer zu unterscheiden ist, ob die jeweilige Bank bei der Suche nach neuen Kunden und Geschäften auf dieser Voraussetzung auch wirklich immer besteht. In der Praxis gibt es jedoch auch immer wieder Angebote, bei denen mehrere Kreditnehmer mit „kleinen" Beträgen gepoolt werden.

Sinnvoll wäre es jetzt eigentlich, zum gleichen Termin jeweils ein Angebot für „normale" Kreditnehmer mit kleineren Beträgen und ein Angebot ab 500.000 oder 1 Million Euro nebeneinander zu legen und bzgl. der Ausgestaltung zu vergleichen. Diese müssten aber natürlich bzgl. Referenzzinssatz, Zinsobergrenze und Laufzeit identisch sein. Leider ist das nicht möglich, also werden die Produkte einzeln durchbesprochen.

Als Zusammenschluss von kleinen Kreditnehmern die gleiche Absicherung wie hohe Kredite nutzen

In den Originalunterlagen zum Zinscap-Pool ist die Laufzeit nicht in Jahren ausgedrückt, sondern mit einem konkreten Datum. Hierdurch muss man sich die Laufzeit in Jahren selbst errechnen. Und auch bei

Ein praktisches Beispiel

- Volumen .... ab € 200.000
- Tilgung .... endfällig
- Zinszahlung .... vierteljährlich
- Zinsberechnung Act/360

- Währung .... Euro .... CHF
- Referenzzinssatz .... 3-Monats-Euribor 3-Monats-CHF-Libor
- Laufzeit .... 6 Jahre .... 6 Jahre
- Zinsobergrenze .... 4 % .... 2,5 %
- Einmaliger Prämienaufwand....... 1,99 % .... 1,99 %

- Referenzzinssatz aktuell .... 1,83 % .... 0,49 %

Achtung: optische Tricks als Bauernfängerei

dem einmaligen Prämienaufwand tritt eine leichte Irritation auf: 1,99 bei einem Zinssatz ist ungewöhnlich und eher bei scheinbaren Schnäppchen im örtlichen Supermarkt anzutreffen. Wir runden großzügig auf und verstehen den Prämienaufwand von 1,99 % als 2 Prozent. Wir benötigen beide Angaben für einen schnellen Vergleich:

Prämienaufwand : Laufzeitenjahre = rechnerischer Mehrzins/Jahr
2 % : 6 Jahre = 0,33 %/Jahr

Aus einer Zinsobergrenze von 4 % beim 3-Monats-Euribor werden so echte 4,33 % Zinsbelastung, aus 2,50 % beim 3-Monats-CHF-Libor echte 2,88 Prozent.

In den folgenden Abbildungen ist nur die Cap-Obergrenze ohne bzw. mit Einrechnung der anteiligen Jahresprämie dargestellt. Diese ist natürlich generell zu bezahlen, d.h. sie erhöht – würde sie generell auf die Laufzeit umgelegt – immer den zu zahlenden Zins. Dieser hätte dann die Zusammensetzung: 3-Monats-Euribor-Zinssatz + anteiliger Prämienaufwand + Bankmarge.

Natürlich hat die Vergangenheit nur eine beschränkte Aussagekraft. Da die Zukunft jedoch nur schwer vorhersehbar ist, liefert die (längerfristige) Vergangenheit oft gute Ansatzmöglichkeiten zum Verständnis. In diesem Sinne sieht man bei den beiden Schaubildern auch sehr einfach, dass der auf die Laufzeitenjahre umgelegte Prämienaufwand zu einer Verschiebung unserer Absicherungsschwelle nach oben führt. Insbeson-

Entwicklung 3-Monats-CHF-Libor mit Zinscap-Pools

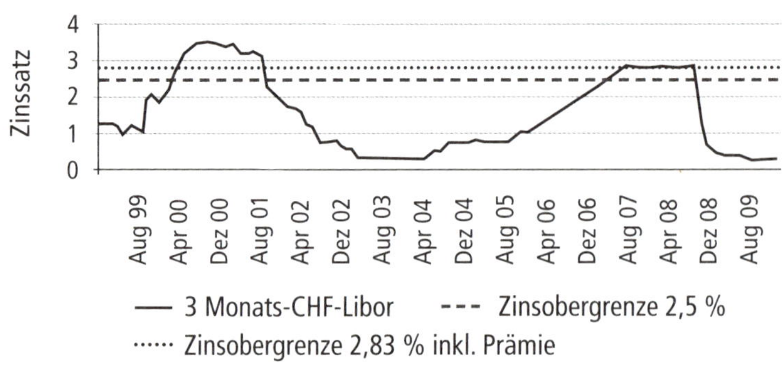

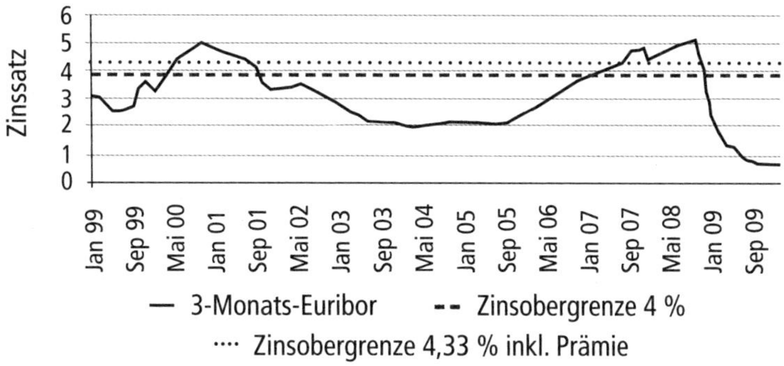

Entwicklung 3-Monats-Euribor mit Zinscap-Pools

dere im Jahr 2008 beim Schweizer Franken lag die Absicherungsschwelle damit quasi auf den maximal erreichten Zinssätzen. Für die jüngere Vergangenheit gesehen wäre diese Zinsabsicherung damit nicht notwendig und sinnvoll gewesen.

Ein Blick in die Vergangenheit sagt viel über die Sinnhaftigkeit von Produkten

Bei Zinscap-Pools mit mehreren „kleinen" statt einem „großen" abzusichernden Kreditbetrag ist natürlich aufgrund des höheren Arbeitsaufwandes in der Bank mit etwas schlechteren Konditionen zu rechnen.

Tipp

Die Verwendung von optisch niedrigeren Prämien- oder Zinssätzen sollte ebenso misstrauisch machen wie der Verzicht auf klar ablesbare wesentliche Entscheidungsparameter. Hier ist ein sehr sorgfältiges Prüfen und Nachrechnen des Angebotes in jedem Fall angesagt. Und sollten Sie im Familien- oder sehr engen Freundeskreis einen weiteren Kreditnehmer mit den gleichen Absicherungserfordernissen haben, wäre ein privater Zinscap-Pool möglich. Dies insbesondere deshalb, da der Zinscap ein vom Kredit unabhängiges Produkt ist und auch bei einer anderen Bank abgeschlossen werden kann. Allerdings bedarf es klarer vertraglicher Regelungen, damit Prämienaufwand und die Zinserstattungen der Bank bei einem Zinssatz oberhalb des Zinscaps gerecht geteilt werden. Dies nicht aus dem Gesichtspunkt des Misstrauens im Familien- oder Freundeskreis – bei einem Todesfall soll jedoch auch für die Erben klar sein, welche Ansprüche und Verpflichtungen bestehen.

Die beiden „Tricks" mit der selbst zu errechnenden Laufzeit und der optischen Verkleinerung der Prämienzahlung von 2 auf 1,99 Prozent sollten jedoch vorsichtig stimmen. Hier entsteht der Eindruck, dass der „Klein-Kreditnehmer" (ab 200.000 statt 500.000 Euro) als nicht so mündig in Finanzangelegenheiten angesehen wird.

Die Prämie von rund 2 Prozent des Kreditbetrages ist in einer Summe zu Beginn der Laufzeit zu bezahlen. Vor einem Vertragsabschluss sollten Sie daher sicherstellen, dass diese zusätzliche (einmalige) Ausgabe in Ihrem finanziellen Haushaltsplan Platz findet.

Zinscap mit jährlicher Prämienzahlung

Absicherung mit jährlichen Kosten passt oft besser ins eigene Budget

Der „Zinscap mit jährlicher Prämienzahlung" ist ein eigenständiges Produkt, bei welchem die Kosten für die Zinssicherung auf die Laufzeit der Zinssicherung verteilt werden. Es eignet sich damit prinzipiell für alle Kreditnehmer, die

- sich gegen (sehr) starke Zinssteigerungen durch die Vereinbarung eines maximalen Zinssatzes absichern möchten,
- jedoch während der Zeit niedrigerer Zinsen von diesen profitieren möchten,
- die Kosten der Versicherung nicht in einem Betrag am Laufzeitbeginn, sondern liquiditätsschonend verteilt über die Laufzeit bezahlen möchten.

Generell ist der „Zinscap mit jährlicher Prämienzahlung" in jeder Währung möglich. Im folgenden werden zwei unterschiedliche (reale) Produktangebote im Schweizer Franken und im Euro vorgestellt.

Tipp

Der Kredit und der „Zinscap mit jährlicher Prämienzahlung" sind voneinander völlig unabhängige Produkte. Daher kann die Zinssicherung auch bei einer anderen als der kreditgebenden Bank vereinbart werden. Kann – muss aber nicht! Als Vorteil verbleibt Ihnen zumindest eine bessere Verhandlungsposition aufgrund des Wettbewerbs zwischen den Banken.

Praxisbeispiel CHF

- Währung .... CHF
- Volumen .... ab CHF 500.000
- Tilgung .... endfällig
- Zinszahlung .... vierteljährlich
- Zinsberechnung Act/360
- Referenzzinssatz 3-Monats-CHF-Libor
- Laufzeit .... 5 Jahre .... 10 Jahre
- Zinsobergrenze .... 2 % .... 2 %
- Prämienaufwand pro Jahr .... 0,45 % .... 0,95 %
- Referenzzinssatz aktuell .... 0,3 %

Wichtig für die Beurteilung der Günstigkeit dieser Kurssicherung ist zuerst einmal das Verständnis, dass Sie aktuell bezahlen: 0,30 % (3-Monats-CHF-Libor aktuell) + 0,45 % (jährliche Prämie Cap) = 0,75 %. Und auch wichtig: Wenn der Referenzzinssatz auf ein Niveau über 2 Prozent steigt, beträgt Ihre effektive Belastung bei fünfjähriger Bindung 2 % + 0,45 % = 2,45 %! Bei zehnjähriger Kurssicherung betragen die Werte 0,30 % + 0,95 % = 1,25 % bzw. 2 % + 0,95 % = 2,95 %. Hinzu kommt in der Belastung noch die bei Ihrem Kredit vereinbarte Bankmarge.

Bei allen Rechnungen nie die separate Bankmarge vergessen!

Bei einem Kredit mit Referenzzinssatz von 3-Monats-CHF-Libor kommt es zu folgenden Buchungen:

- Kredit: 3-Monats-CHF-Libor + Bankmarge = Sollzinssatz Kredit
- Cap: Prämienzahlung (z.B. 0,45 %)
- Ausgleichszahlung: 3-Monats-CHF-Libor – 2 % = Ausgleichszahlung in % (sofern 3-Monats-CHF-Libor > 2 %)

Üblicherweise werden Zinssicherungen aus zwei leicht nachvollziehbaren Gründen abgeschlossen:

- Begrenzung der maximalen Belastung auf definierte Höhe – d.h. Sie müssen in der Lage sein, die maximale finanzielle Belastung der Kurssicherung nebst Zinsen tragen zu können.

Dies sind in obigem Beispiel:
- 5 Jahre: 2 % (Cap-Obergrenze) + 0,45 % (Prämie) + X % Bankmarge
- 10 Jahre: 2 % (Cap-Obergrenze) + 0,95 % (Prämie) + X % Bankmarge

Sicherheit ist wichtiger als ein zusätzlicher finanzieller Vorteil

- Möglicherweise Erlangung eines finanziellen Vorteils. Dies wird jedoch nur dann gelingen, wenn die Summe der gezahlten Prämien kleiner ist als die Summe der Ausgleichzahlungen während der Zeit der Zinssicherung.

Sinnvollerweise betrachtet man die historische Entwicklung des Referenzzinssatzes – auch in Bezug auf die Cap-Obergrenze:

3-Monats-Libor mit 2 % Cap und Prämie

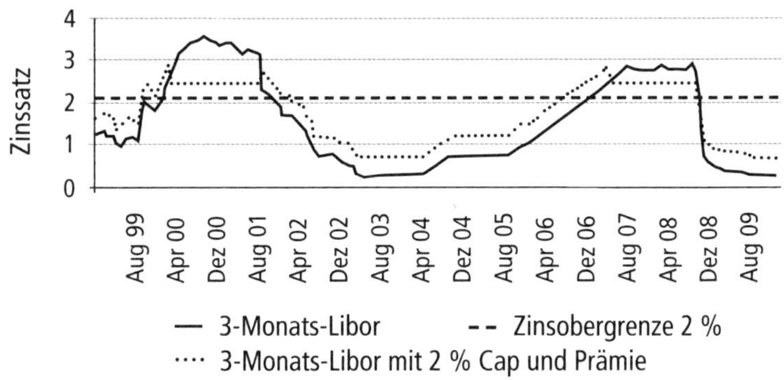

Was sind die Erkenntnisse einer ersten Analyse?

- Es kommt immer wieder zu Phasen sehr niedriger und auch sehr hoher Zinsen im Schweizer Franken
- Die Phasen mit Zinsen oberhalb des Zinscaps von 2 Prozent betragen grob geschätzt 2 bis 3 Jahre, die Niedrigzinsphasen (unterhalb von 2 Prozent) tendenziell 4 bis 5 Jahre. Wird die jährliche Prämie auf den Cap rechnerisch addiert, so verschärft

sich diese Tendenz noch: kürzere Zeiten oberhalb der Grenze (Cap + Prämie) und längere Zeiten unterhalb.

- Zwischen zwei Tiefpunkten von Tiefzinsphasen liegen rund 6 Jahre, eine Zinsfestschreibung von 10 Jahren ist einerseits mit einer höheren Prämie zu bezahlen und kann andererseits bereits in der nächsten Phase hoher Zinsen enden.
- Der Betrachtungszeitraum des Referenzzinssatzes sollte möglichst lang gewählt werden, um eine Vielzahl von Zinshochs und Zinstiefs bzgl. Zinshöhe und Dauer miteinbeziehen zu können. Ein Zeitraum von zehn Jahren sollte die minimale Anforderung sein.
- Allerdings ist die Vergangenheit nur sehr eingeschränkt aussagekräftig bezüglich der Zukunft. Eine hohe Inflation würde wohl auch zu hohen Zinssätzen der Schweizer Notenbank führen.

Regeln aus der Vergangenheit sind gut, aber die Zukunft kann auch anders aussehen

Praxisbeispiel Euro

- Währung .... Euro
- Volumen .... ab EUR 250.000
- Tilgung .... endfällig
- Zinszahlung .... vierteljährlich
- Zinsberechnung Act/360
- Referenzzinssatz 3-Monats-Euribor
- Laufzeit .... 5 Jahre .... 10 Jahre
- Zinsobergrenze .... 4 % .... 4 %
- Prämienaufwand pro Jahr .... 0,47 % .... 0,69 %
- Referenzzinssatz aktuell .... 0,72 %

Eine Zins-Obergrenze von 4 Prozent kostet demnach inkl. Bankmarge maximal:

- bei 5 Jahren: 4 % (Cap) + 0,47 % (Prämie) + X % Bankmarge
- bei 10 Jahren: 4 % (Cap) + 0,69 % (Prämie) + X % Bankmarge

Die zehnjährige Zinssicherheit ist demnach nur um 0,22 % pro Jahr teurer als die fünfjährige Versicherung.

3-Monats-Euribor mit Cap 4 % und Prämie

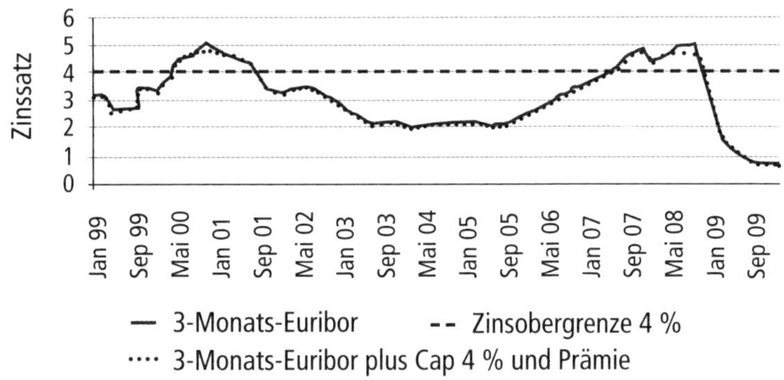

Mit etwas Nachrechnen lassen sich gute von schlechten Offerten trennen

Auch hier ergibt sich wie beim CHF-Libor das Bild, dass die Phasen oberhalb der Cap-Obergrenze relativ kurzzeitig und in der Auswirkung stark begrenzt sind. In dem Fall eines Cap von 4 Prozent und einer Prämie von 0,69 Prozent bei zehnjähriger Absicherung ist die maximale Zinsbelastung von 4,69 Prozent nur geringfügig niedriger als die beiden Zinshochs bei rund 5 Prozent.

Aufgrund der Vergangenheitsdaten ergibt sich, dass an einem Zins Cap zuerst einmal der Sicherheitsgeber verdient: Lange Zeiten unterhalb der Grenze von 4 Prozent bzw. 4,69 Prozent bedeuten für ihn in der Summe Erträge zwischen 0,00 und 0,69 Prozent. Nur in den Zeiten oberhalb von 4,69 Prozent leistet der Sicherungsgeber einen finanziellen Ausgleich. Dieser beträgt bei einem 3-Monats-Euribor von 5,1 Prozent rechnerisch 0,41 Prozent (5,10 % – 4,0 % – 0,69 % = 0,41 %). Allerdings in der Vergangenheit (!) als Maximalwert und nur für kurze Zeit. Es verbleibt für den Sicherungsnehmer jedoch immer die Absicherung: Die nächste Zinserhöhungsphase könnte ja einen höheren Zinsgipfel aufweisen, und diesen auch für längere Zeit.

Zinscap mit gleitendem Zinssatz

Sie befinden sich in einer Situation niedriger Zinsen. Die Notenbank Ihrer Kreditwährung hat jedoch bereits angekündigt, dass sie die Zinsen nicht weiter senken wird. Für Sie bedeutet diese Situation, dass die Zinsen in normalerweise ein bis zwei Jahren wieder steigen werden.

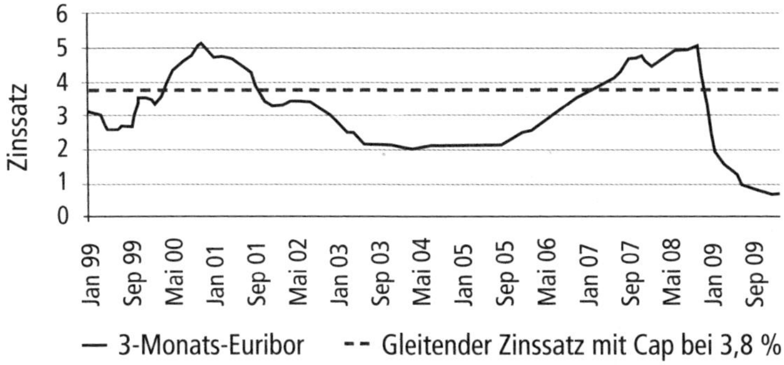

Entwicklung 3-Monats-Euribor und Cap bei 3,8 %

Sie möchten gerne das aktuell niedrige Zinsniveau weiter nutzen, jedoch bereits jetzt Vorsorge für die zu erwartenden Zinserhöhungen treffen. Hierfür ist die Vereinbarung eines Zinscaps (Zins-Obergrenze) mit gleitendem Zinsniveau eine Möglichkeit.

Unsere Abbildung oben zeigt wieder die bisherige Entwicklung des 3-Monats-Euribor und die im nachfolgenden Beispiel verwendete Zinsobergrenze von 3,8 Prozent. Hierdurch können Sie sich einen optischen Eindruck verschaffen, wie hoch die Risiken (Zeiträume mit Zinssätzen oberhalb des Zinscaps) sind.

Auch exotisch anmutende Angebote sollten gut nachgerechnet sein

Im Gegensatz zu anderen Produkten mit Zinscap zahlen Sie während der Laufzeit einen Misch-Zinssatz aus 3-Monats-Euribor (oder einem anderen Referenzzinssatz) und dem Zinscap. Mit jedem Monat der Laufzeit wird der Referenzzinssatz hierbei etwas geringer und der Zinscap etwas höher gewichtet. Zur Verdeutlichung ein praktisches Beispiel (► Seite 70).

Wie wird nun der Misch-Zinssatz berechnet? Bei quartalsweiser Zinsbelastung (Referenzzinssatz ist der 3-Monats-Euribor) und einer Laufzeit von 5 Jahren ergeben sich zwanzig Zinsfeststellungspunkte (5 Jahre · 4 Quartale = 20). Am ersten Feststellungspunkt wird unser Referenzzinssatz mit 95 Prozent (19/20) und der Zinscap mit 5 Prozent (1/20) gewichtet. An den folgenden Feststellungsterminen nimmt die Gewichtung unseres Referenzzinssatzes um jeweils 1/20tel, d.h. 5 Prozent, ab, die Gewichtung des Zinscap hingegen um diesen Anteil zu. Zum letzten Termin ist die Zinshöhe des Zinscap erreicht, es endet aber auch die Zinssicherung.

Praxis-Beispiel

- Währung ....Euro
- Volumen................................ohne Einschränkung
- Tilgung ....endfällig
- Zinszahlung ....vierteljährlich
- Zinsberechnung Act/360
- Referenzzinssatz 3-Monats-Euribor
- Laufzeit ....5 Jahre
- Zinsobergrenze ....3,80 %
- Zins am Laufzeitanfang 3-Monats-Euribor
- Zins am Laufzeitende ....3,80 %
- Zins während der Laufzeit ....Mischsatz aus 3-Monats-Euribor und Zinscap
- Referenzzinssatz aktuell ....1,43 %

Eine Tabelle erleichtert das Nachrechnen und Verstehen wesentlich

3-Monats-Euribor	Anteil	Ziel-Zinssatz	Anteil	Mischsatz
1%	0,95	3,8%	0,05	1,14%
1%	0,90	3,8%	0,10	1,28%
1%	0,85	3,8%	0,15	1,42%
1%	0,80	3,8%	0,20	1,56%
1%	0,75	3,8%	0,25	1,7%
1%	0,70	3,8%	0,30	1,84%
1%	0,65	3,8%	0,35	1,98%
1%	0,60	3,8%	0,40	2,12%
1%	0,55	3,8%	0,45	2,26%
1%	0,50	3,8%	0,50	2,4%
1%	0,45	3,8%	0,55	2,54%
1%	0,40	3,8%	0,60	2,68%
1%	0,35	3,8%	0,65	2,82%
1%	0,30	3,8%	0,70	2,96%
1%	0,25	3,8%	0,75	3,1%
1%	0,20	3,8%	0,80	3,24%
1%	0,15	3,8%	0,85	3,38%
1%	0,10	3,8%	0,90	3,52%
1%	0,05	3,8%	0,95	3,66%
1%	0,00	3,8%	1,00	3,8%
Durchschnittssatz: 2,47%				

In unserer Tabelle (► Seite 70) ist dies einmal für einen angenommenen 3-Monats-Euribor von 1 Prozent durchgerechnet. Der Euribor-Zinssatz wurde aus Gründen der besseren Verständlichkeit gleichbleibend bei 1 Prozent angesetzt. In der Tabelle ist gut zu sehen, dass der zu zahlende Zins (letzte Spalte) schön ansteigt. Über die gesamte Laufzeit von 5 Jahren kommt es so zu einem Durchschnittszinssatz von 2,47 Prozent.

Ob diese Zinsvereinbarung für den Kreditnehmer oder die Bank vorteilhaft ist, lässt sich im Vorhinein nicht sagen. Dies hängt wesentlich davon ab, wie lange einerseits die Zeitspanne zwischen Abschluss der Versicherung und dem Erreichen des Zinscaps ist (hier zahlt der Kreditnehmer immer mehr als den Referenzzinssatz) und andererseits der Länge der Hochzinsperiode oberhalb des Zinscaps (hier zahlt der Kreditnehmer nur den Zinscap, die Bank trägt den Rest). Dieses Produkt wird von der Bank ohne separate Prämienzahlung angeboten. Die Bank benötigt jedoch eine gewisse Sicherheit von Erträgen, da sie in der Zinsphase oberhalb des Zinscaps von hier 3,8 Prozent Ausgleichszahlungen an den Kreditnehmer leisten muss. Dies kann sie am besten gewährleisten, indem sie das Produkt nicht erst im Zinserhöhungszyklus anbietet. Der sinnvollste Zeitpunkt aus Sicht der Bank zur Platzierung des Produktes ist das Ende des Zinssenkungszyklus. Im obigen Schaubild der Entwicklung des 3-Monats-Euribors ist zu sehen, dass vom Ende des Zinssenkungszyklus im Sommer 2002 über drei Jahre vergingen, bis im Herbst 2005 erstmals die Zinsen wieder erhöht wurden. Und ein weiteres Jahr, bis der Zinscap von 3,8 Prozent überschritten worden wäre. Für die Bank also

Die Absicherung bei 3,8 Prozent wird durch einen Mischsatz oberhalb des Euribor erkauft

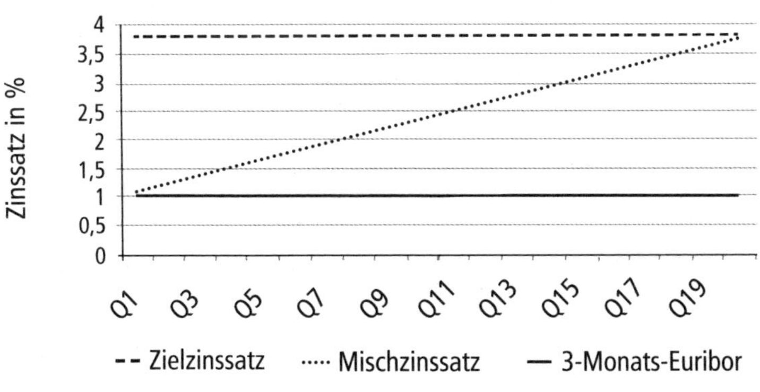

Mischzinssatz zwischen 3-Monats-Euribor und Festzins

Tipp

Das Produkt „Zinscap mit gleitendem Zinssatz" ist prinzipiell unabhängig vom Kredit. Sie können dieses Produkt daher auch bei einer anderen als der kreditgebenden Bank abschließen!

über 4 Jahre erhöhte Zinseinnahmen und dann bis zum Ende des fünften Jahres Zinszuschüsse. War aber der Zinszyklus 2002 bis 2006 typisch? Wird er sich identisch wiederholen? Niemand weiß es wirklich, sodass dieses Produkt durchaus Chancen und Risiken für Bank und Kreditnehmer gleichermaßen bietet.

Zinscap mit Prämiennachlass und k.o.

Ein Preisnachlass ist nur dann sinnvoll, wenn er nicht durch einen Leistungsnachlass erkauft wird

Endlich einmal ein Produkt, dessen Name gleich mehrere Bedürfnisse der Kunden anspricht: die Vereinbarung einer Zinsobergrenze für den variablen Kredit, und dies direkt verbunden mit einem Prämiennachlass. Damit ist zugleich sichergestellt, dass

- der Kreditnehmer von niedrigeren Zinsen als der Cap-Höhe profitiert,
- steigende Zinsen jedoch durch die Höhe des Cap begrenzt sind,
- dies zugleich zu einer im Vergleich mit üblichen Angeboten deutlich reduzierten Prämienzahlung.

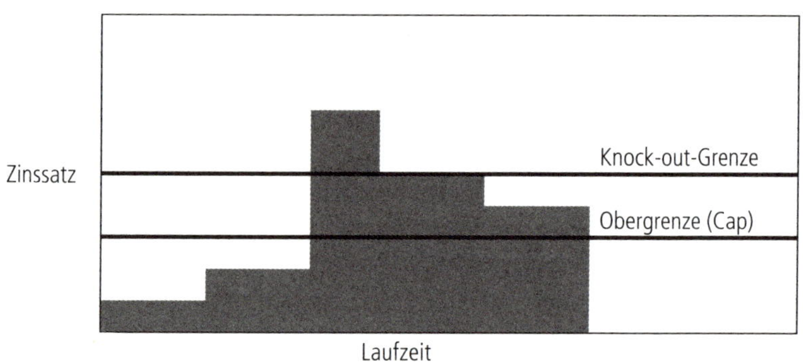

Im Namen des Produkts und auch in unserer Abbildung (► Seite 72) findet sich jedoch auch „k.o." bzw. „knock-out". Was hat es hiermit auf sich? Hierbei handelt es sich um eine zweite Zinsgrenze neben dem Zinscap. Wird diese im Zeitverlauf bei Zinssteigerungen erreicht oder überschritten, so entfällt für diese Zinsperiode der Zins-Cap. Also im Klartext: In Zeiten der höchsten (finanziellen) Gefahr stehen Sie ohne (Ver-)Sicherung dar. Wollen Sie dies? Denn dies ist der Preis für die Prämienvergünstigung!

Immer Vorsicht, wenn ein „knock-out" („k.o.") in der Beschreibung auftaucht

Betrachten Sie aber die Abbildung (► Seite 72) noch einmal genau: nur ein kleiner „Zacken" der Zinshöhen schaut über die Gefahrengrenze des Knock-out hinaus: nicht sehr stark in der Überschreitung und zeitlich nicht sehr lang. Macht es bei dieser optisch begrenzten Gefahr nicht Sinn, die dauerhafte Prämienvergünstigung mitzunehmen?

Wenn Sie so denken, stellen sich folgende Fragen:

- Welche Zinshöhe können Sie sich im Extremfall laut Ihrem Haushalts- und Finanzierungsplan erlauben?
- Woher ist sichergestellt, dass diese Zinshöhe nicht überschritten wird?
- Welche Zinshöhe können Sie sich nur eine bestimmte Zeit lang erlauben?
- Woher ist sichergestellt, dass diese Zeitspanne nicht überschritten wird?
- Ist Ihnen klar, dass durch die Art des Bildes eine Sicherheit oder (geringe) Gefahrenhöhe suggeriert wird, die keine reale Grundlage hat?
- Ist Ihnen klar, dass Sie bei einer Überschreitung der k.o.-Grenze den gesamten Zinssatz und nicht nur den oberhalb der Linie bezahlen müssen?

Tipp

Hüten Sie sich vor allen Produkten mit „k.o."! Hier verlieren Sie Ihre Absicherung genau in dem Augenblick, zu dem Sie diese am dringendsten benötigen würden.

Zinscollar

Eine Zinsuntergrenze ist der Preis für geringere Prämienzahlungen

Ein Zinscollar ist eine Produktkombination aus dem bereits bekannten Zinscap (Zins-Obergrenze) und einem Zins-Floor (Zins-Untergrenze). Ihr Risiko von Zinssteigerungen ist durch die Zins-Obergrenze auf diesen maximalen Zinssatz beschränkt. Bei einer Überschreitung des Maximalzinssatzes erhalten Sie von der Bank den Differenzbetrag gutgeschrieben. Der Zins-Floor definiert jedoch zusätzlich einen Minimum-Zinssatz. Wird dieser unterschritten, so müssen Sie an die Bank eine Ausgleichszahlung leisten. Die Höhe der Ausgleichszahlung ergibt sich erneut aus der Differenz zwischen dem Referenzzinssatz (3-Monats-Euribor) und dem höheren Floor. Zwischen dem Zinscap und dem Zins-Floor hingegen haben Sie es weiterhin mit einem normalen, variabel verzinslichen Kredit ohne Ausgleichszahlungen zu tun.

Dieses Produkt hat einen Prämienaufwand von 0,5 Prozent, während andere Produkte zu etwa der gleichen Zeit mit einem Prämienaufwand von 2 Prozent kalkuliert waren. Diese geringeren Kosten sind jedoch kein Geschenk und haben auch nichts mit der sehr hohen Mindestsumme von 1.000.000 Euro zu tun. Sie sind vielmehr als Ausgleich für den vereinbarten Floor-Zinssatz von immerhin 2 Prozent zu verstehen.

Praxis-Beispiel

- Währung .... Euro
- Volumen .... ab € 1.000.000,--
- Tilgung endfällig
- Zinszahlung .... vierteljährlich
- Zinsberechnung Act/360
- Referenzzinssatz 3-Monats-Euribor
- Laufzeit 5 Jahre ....
- Zinsobergrenze .... 4 %
- Zinsuntergrenze .... 2 %
- Einmaliger Prämienaufwand .... 0,5 %

Referenzzinsen aktuell

- 3-Monats-Euribor .... 1,39 %

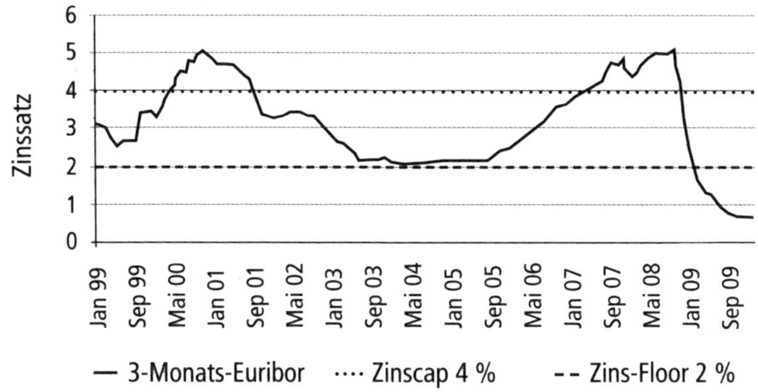

Entwicklung 3-Monats-Euribor mit Zinscollar

Bereits in der Produktbeschreibung war der 3-Monats-Euribor mit 1,39 Prozent, d.h. unterhalb des Zins-Floors, angegeben. Dies bedeutet, dass der Kreditnehmer und Zeichner des Zinscollars eine Ausgleichszahlung an die Bank leisten muss. Beim Kreditnehmer kommt es dann zu zwei Belastungsbuchungen:

Ein Unterschreiten des Minimumzinses führt zur Ausgleichszahlung des Kunden an die Bank

- Sollzinssatz Kredit = 3-Monats-Euribor + Bankmarge
- Ausgleichszahlung an Bank = Zins-Floor – 3-Monats-Euribor

Die Vorteilhaftigkeit des Zinscollars für den Kunden bzw. die Bank ergibt sich aus einem Vergleich der einmaligen Prämienzahlungen und der erwarteten Zinsentwicklung unterhalb des Mindestzinssatzes. Beträgt also die übliche Prämienzahlung 2 Prozent und diejenige beim Zinscollar nur 0,5 Prozent, so ergibt sich hier ein Kundenvorteil von immerhin 1,5 Prozent. Wäre der Referenzzinssatz 3-Monats-Euribor z.B.

- 1,0 Jahr um 1,5 Prozent oder
- 1,5 Jahre um 1,0 Prozent oder
- 3,0 Jahre um 0,5 Prozent

niedriger als der Zins-Floor, würden sich Bank und Kunde genau so wie bei einem normalen Zins-Cap stehen. Hier handelt es sich also um eine Wette der Bank gegen den Kunden, wie tief der Referenzzinssatz sinkt und wie lange er unterhalb eines bestimmten Niveaus bleibt.

Die Zinserwartung der Bank läßt sich in der Preisgestaltung des Produktes erkennen

Was aber geschieht, wenn die Tiefzinsphase schon einige Zeit lang andauert? Hier wäre ja die Erwartung von weiterhin tiefen Zinsen zeitlich begrenzter und es wäre eher mit wieder steigenden Zinssätzen zu rechnen. Diese geringere Erwartung von Zinssätzen unterhalb des Zins-Floors würde natürlich die Ertragserwartung der Bank an dieser Stelle begrenzen. Folglich müsste bei bereits länger andauernder Tiefzinsphase der einmalige Prämienaufwand ansteigen. Schauen wir uns dies einmal an einem weiteren Praxisbeispiel der gleichen Bank an, welches ein halbes Jahr nach dem ersten Angebot auf den Markt kam.

Praxis-Beispiel

- Währung .... Euro
- Volumen.................................... ab € 1.000.000,--
- Tilgung endfällig
- Zinszahlung .... vierteljährlich
- Zinsberechnung Act/360
- Referenzzinssatz 3-Monats-Euribor
- Laufzeit .... 7 Jahre............................ 10 Jahre
- Zinsobergrenze .... 4 % .... 4,5 %
- Zinsuntergrenze .... 2 % .... 2 %
- Einmaliger Prämienaufwand......... 1,5 Prozent .... 2,2 Prozent

Referenzzinsen aktuell
- 3-Monats-Euribor .... 0,73 %

Wie erwartet steigt hier der Prämienaufwand stark an, möglicherweise noch zusätzlich durch die längeren Laufzeiten von 7 und 10 statt „nur" 5 Jahren. Und in der sehr hohen Zinsobergrenze von 4,50 % dürfte sich zusätzlich die steigende Furcht vor einer sehr hohen Inflation aufgrund der geldpolitischen Maßnahmen der Zentralbanken zur Bewältigung der Bankenkrise niederschlagen. Höhere Inflationserwartungen führen zur Erwartung, dass insbesondere die Europäische Zentralbank früh und schnell die Zinsen erhöht. Dies führt zu erhöhtem Risiko für Ihren Absicherungsgeber und damit schlechteren Konditionen.

Tipp

Auch bei dem Zinscollar – der ja eigentlich aus den beiden Produkten Zins-Cap und Zins-Floor besteht – und dem Kredit handelt es sich um unabhängige Produkte. Diese können also auch bei unterschiedlichen Banken abgeschlossen werden. Und über die erhöhte Wettbewerbssituation lassen sich möglicherweise bessere Konditionen wie eine geringere einmalige Prämie oder ein niedrigerer Zins-Floor erzielen.
Einen Wettbewerbsdruck bei den Banken können Sie jedoch möglicherweise bereits beim Alternativprodukt Zins-Cap nutzen und dort die einmalige Prämienzahlung senken. Dann hätten Sie eine geringere Prämienbelastung ohne das Risiko von Ausgleichszahlungen beim Zins-Floor.
Als sehr positiv ist anzumerken, dass der hier referenzierte Anbieter des Zinscollars bei diesem und (vielen) anderen Produkten immer auch die aktuellen Stände der Referenzzinssätze mit veröffentlicht. Dies erleichtert den Überblick und die Nachvollziehbarkeit – und schafft damit natürlich auch jenes Vertrauen, welches auch für Absicherungsgeschäfte zwingend erforderlich ist.

Zinscap-Swap

Ein Cap-Swap verbindet gleich drei unterschiedliche Produkte:

Gleich drei Produkte in einem – es wird (noch) komplizierter

- einen Festzinssatz (Swap: Tausch der variablen Zinsen gegen Festzinssatz), der jedoch nur einen Teil der Gesamtfinanzierungskosten ausmacht,
- einen variablen Zinssatz, welcher auf den Festzinssatz addiert wird,
- einen Höchstzinssatz (Cap), welcher das Zinserhöhungsrisiko begrenzt.

Gedacht ist diese Produktkombination für Kreditnehmer, welche für die nächsten Jahre ihre maximale Zinsbelastung (vergessen Sie nicht, die Bankenmarge mitzurechnen) kennen wollen und die eine geringere Zinsbelastung als im Falle eines normalen Festzinssatzes erwarten. So zumindest steht es in der Produktbeschreibung. Wieder ein Beispiel, um den Sachverhalt zu analysieren (► Seite 78).

Praxis-Beispiel

- Währung .... Euro
- Volumen .... kein Mindestbetrag
- Tilgung endfällig
- Laufzeit 5 Jahre
- Zinszahlung .... vierteljährlich
- Zinsberechnung Act/360
- Referenzzinssatz 3-Monats-Euribor
- Zinsvereinbarung .... 1,8 % + 0,5 · 3-Monats-Euribor
- Zins-Cap .... 3,5 %

Referenzzinsen aktuell

- 5-Jahres-Swapsatz .... 2,9 %
- 3-Monats-Euribor .... 0,72 %

Der Festzins-Bestandteil von 1,80 Prozent wirkt wie ein Minimum-Zinssatz. Je nach dem Referenzzinssatz 3-Monats-Euribor bewegt sich der vom Kreditnehmer zu bezahlende Zins zwischen 1,80 Prozent (3-Monats-Euribor nimmt den nicht wahrscheinlichen Wert von 0,00 % an) und dem Zins-Cap von 3,5 Prozent (3-Monats-Euribor beträgt 3,4 % oder höher). Dies ergibt sich aus der Berechnung:

(3,5 % Zinscap – 1,8 % Festzins) : 0,5 = 3,4 Prozent

Mit einer Grafik läßt sich die Komplexität der Zahlen oft vereinfachen

Wie sieht dies in einer graphischen Darstellung aus (► Seite 79)? Schließlich „isst das Auge ja mit".

Es wird sehr schön deutlich, dass dieses Produkt sehr gut gegen hohe Zinsausschläge nach oben schützt. Mit 3,5 Prozent liegt der maximale Zinssatz auch um immerhin 0,5 Prozent niedriger als andere Produktangebote in dieser Zeit, die bei fünfjähriger Laufzeit zumeist mit einem Zins-Cap von 4 Prozent arbeiten. Klammert man einmal gedanklich die (nicht nur) von den Zinsen her ungewöhnliche Zeit ab Herbst 2008 aus, so wird man bei diesem Produkt üblicherweise auf einen Zinssatz im Bereich von rund 2,90 bis 3,50 Prozent kommen. In Hochzinsphasen (ab 3,50 Prozent) besser als die variable Verzinsung mittels 3-Monats-Euribor, in

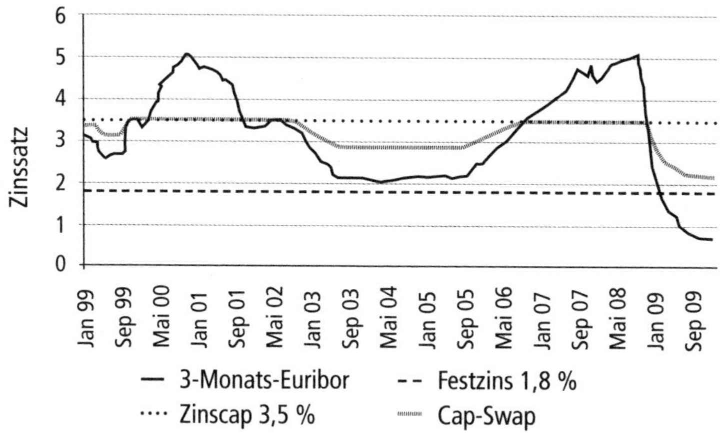

Entwicklung 3-Monats-Euribor mit Cap-Swap

Tiefzinsphasen natürlich schlechter. Aber gesucht ist ja ein Produkt zur Absicherung gegen Zins(erhöhungs)risiken.

Bleibt noch abzuklären, ob die beim Cap-Swap entstehende Zinsbelastung geringer ist als im Falle eines normalen Festzinssatzes. Die Antwort hierzu findet sich in den obig schematisch skizzierten Produktbeschreibungen. Dort ist der 5-Jahres-Swapsatz mit 2,90 Prozent angegeben. Unterstellt den Fall, dass es sich hierbei nicht um einen Schreibfehler des Produktanbieters handelt, könnte ein Kreditnehmer seinen variabel verzinslichen Kredit in einen Festzinskredit mit 2,90 Prozent (jeweils plus Bankenmarge) tauschen. Dies wäre deutlich weniger (0,60 Prozent) als der Höchstzinssatz beim Cap-Swap, jedoch mehr als beim aktuell (historisch ungewöhnlich) niedrigen 3-Monats-Euribor von hier 0,72 Prozent, woraus beim Cap-Swap ein Zinssatz von 2,16 Prozent ($1{,}8\ \% + 0{,}5 \cdot 0{,}72\ \% = 2{,}16\ \%$) resultiert. Im Zeitraum von Anfang 1999 bis Mitte 2008 wäre der Festzinssatz von 2,90 Prozent hingegen gleich gut oder (deutlich) besser gewesen.

Achten Sie genau auf Alternativen und überlegen Sie, ob ein einfaches Produkt nicht zu bevorzugen ist

Ergebnis: Ein durchaus interessantes Produkt, welches in der jeweiligen Situation bzgl. der vorgeschlagenen Konditionen genau geprüft werden sollte. In jedem Fall ist das Nachvollziehen und Nachrechnen eine spannende Herausforderung. Möglicherweise ein gutes Produkt für den Wirtschafts- oder Mathematik-Unterricht?

Zinscap über Optionen

Bei einem Zinscap über Optionen bzw. Optionsscheine handelt es sich um ein vergleichbares Produkt zum Zinscap. Der Unterschied liegt vorrangig darin, dass für den Kreditnehmer sichtbar das Medium Option bzw. Optionsschein dazwischen gestellt ist. In einem Praxisbeispiel von 2009 sieht dies dann wie folgt aus:

- Basiswert: 3-Monats-Euribor
- ZinsCap: 4 Prozent
- Verkaufspreis: 40 Euro
- Einheit: 1.000 Euro
- Laufzeit: 08.04.2009 bis 31.12.2019
- Abrechnung: quartalsweise

Achten Sie bei Optionen und Optionsscheinen genau auf den Vertragspartner als Garanten

Das bedeutet, dass Sie für die Absicherung des Kreditbetrages von 1.000 Euro jeweils den Verkaufspreis von 40 Euro bezahlen müssen – 4 Prozent der abzusichernden Kreditsumme. Da die Laufzeit des Optionsscheines grob gerechnet 10 Jahre beträgt (streng gerechnet etwas über 10 Jahre), beträgt die Versicherungsprämie pro Jahr 0,4 Prozent. Diese Erkenntnis ist wichtig, um das Produkt mit anderen Angeboten vergleichen zu können.

Ihre Versicherung über dieses Produkt bedeutet, dass Sie als Inhaber der Option bzw. des Optionsscheins das Recht haben, eine Ausgleichszahlung zu verlangen. Diese wird quartalsweise festgelegt und nur dann ausgezahlt, wenn der Referenzzinssatz 3-Monats-Euribor über dem Zinscap notiert. In diesem Fall erhalten Sie die Zinsdifferenz kalendertagegenau für dieses Kalenderquartal.

Problematisch an diesem Produkt ist die zumeist fest vorgegebene Laufzeit und die fehlende Veräußerbarkeit an einer unabhängigen Börse. Zumeist können diese Optionen oder Optionsscheine nur dem Emittenten zum Kauf angeboten werden. Vorteilhaft hingegen ist, dass die kleinste handelbare Einheit zumeist ein Optionsschein ist. Die Anzahl der erforderlichen Optionsscheine ergibt sich dann durch das Teilen der Kreditsumme durch die Einheit (zumeist 1.000) des Optionsscheins. Hierdurch können auch kleinere Kreditbeträge abgesichert werden, während bei anderen Angeboten die hohen Mindestsummen abschrecken.

Zins-Future

Sie beschäftigen sich intensiver mit Finanzen und haben schon einmal etwas von einem „Future" gehört oder gelesen? „Future" ist ein Termingeschäft, bei dem Sie bereits heute den Preis zu einem späteren Liefertermin vereinbaren. Jetzt überlegen Sie, ob es auch „Futures" gibt, mit denen Sie Ihre variable Zinsvereinbarung absichern können.

Dazu suchen wir einen Future als Terminmarktgeschäft, der als Gegenstand einen Referenzzinssatz vom Geldmarkt beinhaltet. Und richtig: An der Terminbörse Eurex gibt es einen Future auf den 3-Monats-Euribor. Bis zum Jahr 2004 gab es übrigens auch einen Future auf den 1-Monats-Euribor. Dieser wurde jedoch mit Wirkung zum 16. März 2004 eingestellt.

Zurück zur möglichen Absicherung bei dem 3-Monats-Euribor. So funktioniert ein Future: Bei einem Mindest-Kontraktumfang von 1.000.000 Euro (in Worten: einer Million Euro) können Termingeschäfte für die nächsten drei Jahre abgeschlossen werden. Kontraktmonate sind hierbei in jedem Jahr die Monate März, Juni, September und Dezember, also insgesamt 36 Möglichkeiten der Festlegung eines Fälligkeitstermins. Die Preisfeststellung des Futures erfolgt an der Terminbörse Eurex so, dass der aktuelle 3-Monats-Euribor von 100,0000 Prozent abgezogen wird. Notiert also der 3-Monats-Euribor bei 0,7000 Prozent, so ist der Preis des Futures 99,3000 Prozent. Sinkende Zinsen führen damit zu einem steigenden Future, steigende Zinsen zu einem sinkenden. Die minimale Preisänderung des Future beträgt übrigens 0,005 Prozent, d.h. 50 Euro je Kontrakt.

Nicht nur aufgrund der Beträge nur sehr bedingt für den „kleinen" Kreditnehmer geeignet

Die Erfüllung erfolgt durch Barausgleich am Fälligkeitstag. Jedoch kann es auch eine tägliche Anpassung der Sicherheitsleistung und/oder der Margin geben. Hierfür müssen Sie Liquidität haben, ansonsten droht vorzeitiger Verkauf und Sie verlieren Ihre Absicherung.

Die Idee ist jetzt: Wenn man sich mit einem Future gegen Zinserhöhungen absichert, erhält man für die höheren Zinskosten bei steigenden Zinsen einen Gewinn beim Future. So ist man in Summe beider Geschäfte nicht von der Zinserhöhung betroffen. Kommt es jedoch nicht zu Zinserhöhungen, sondern möglicherweise sogar zu Zinssenkungen, erleiden Sie im Future einen Verlust, den Sie bar bezahlen müssen. In diesem Fall der Zinsabsicherung steht dafür die geringere Zinszahlung beim Kredit zur Verfügung, muss aber auch hierfür reserviert bleiben. In Summe würden sich Verlust und Gewinn auch hier ausgleichen. Wobei im Falle von sehr kurzfristigen Geschäften von unter einem Jahr die Steuer auf Spekulationsgeschäfte nicht vergessen werden darf (► Seite 166). Diese würde einen Teil des Gewinns kosten.

Zurück zur Eingangsfrage: Ist der 3-Monats-Future zur Absicherung von Zinsänderungsrisiken geeignet? Nun, im Prinzip ja, in der Praxis für Private allerdings wohl kaum. Die Probleme liegen in folgenden Bereichen:

- Kontraktgröße. Mit einer Mindestkontraktgröße von 1.000.000 Euro für das normale Haus, die normale Wohnung etwas groß konzipiert.
- Kontrakttermine. Sie müssen bei dieser Zinsvereinbarung z.B. alle drei Monate Zinsen in Höhe des 3-Monats-Euribors bezahlen. Um ein Zinserhöhungsrisiko auszuschließen, müssten Sie mehrere Futures abschließen – nämlich für jeden der bis zu 36 Kontrakttermine. Ein nicht unbeträchtlicher Aufwand.
- Mögliche Geldmarktzinssätze. Futures gibt es nur für wenige Referenzzinssätze vom Geldmarkt, z.B. für den 3-Monats-Euribor. Bereits Absicherungen des 1-Monats-Euribor sind nicht möglich, ebenso wenig die zum Teil gebräuchlichen Mischsätze von Euribor-Zinssätzen und Sekundärmarktrendite (SMR).

Zinsswap-Vereinbarungen

Der Tausch von „variabel" gegen „fix" bedeutet, dass der Vertragspartner eine andere Zinsmeinung hat

Bei einer Zinsswap-Vereinbarung tauscht ein Kreditnehmer seine variable Zinsvereinbarung gegen die fixe Zinsvereinbarung eines anderen Kreditnehmers oder Marktteilnehmers. Dies bedingt natürlich, dass die beiden Vertragspartner eine unterschiedliche Auffassung zur Zinsentwicklung während der Laufzeit des Geschäftes haben. Oder dass der Preis für den Kreditnehmer mit dem variablen Zins (der ja bei steigenden Zinsen scheinbar von der Vereinbarung mehr profitiert) das Risiko seines Vertragspartners entsprechend widerspiegelt.

Für diese Zinsswap-Geschäfte werden täglich Marktkurse (Zinssätze) ermittelt (Abbildung ► Seite 83).

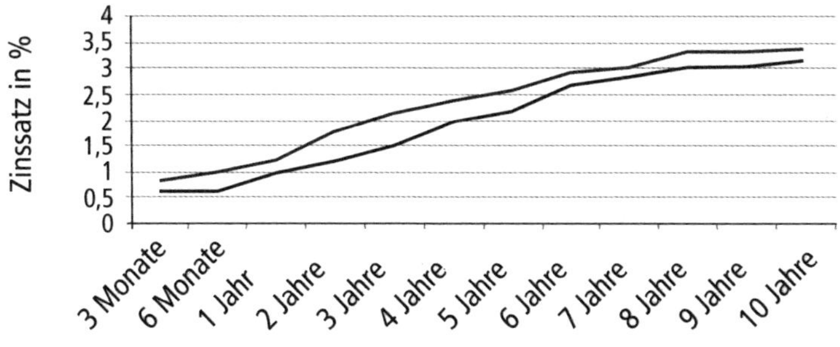

Vergleich der Zinskurven Bund – EUR Swap von 3 Monaten bis 10 Jahren

Diese Marktkurse für Zinsswaps liegen üblicherweise oberhalb der Zinssätze für eine Deutsche Bundesanleihe bei gleicher Laufzeit. Bei dieser Bundesanleihe Deutschland handelt es sich um einen anerkannten Vergleichsmaßstab (Benchmark) innerhalb von Europa.

In der Praxis sind aus diesem Grundgedanken heraus unterschiedliche Arten von Zinsswaps entstanden, die je nach Marktumfeld und Meinung der Vertragspartner bzw. Marktteilnehmer zur zukünftigen Zinsentwicklung angewandt werden können.

Zinsswap

Der sogenannte Zinsswap ist eine echte Alternative zum traditionellen Festzinskredit, da es durch den Tausch von zwei Zinsverpflichtungen im Ergebnis zu einem Festzinskredit kommt. Zum besseren Verständnis des Wirkungsprinzips ein Blick auf Ebene der Buchungen.

Bisher haben Sie einen variabel verzinslichen Kredit, für welchen Sie einen Referenzzinssatz (z.B. 3-Monats-CHF-Libor oder 3-Monats-Euribor) bezahlen. Zusätzlich haben Sie mit der Bank eine Bankmarge von 1 Prozent (je nach Verhandlungsgeschick, Beleihungsgrad der Immobilie und Marktsituation bewegt sich sie Bankmarge zwischen 0,75 % und 2 %) vereinbart. Es gelten folgende beispielhafte Zinssätze:

Auch hier gilt: die separate Bankmarge nicht vergessen!

- Bankmarge: 1 %
- 3-Monats-Euribor: 0,70 %
- 5-Jahres-Swap: 4 %

Bei Ihrem Kreditkonto kommt es jedes Quartal zu folgender Belastung (in Prozent), aufgrund der quartalsweisen Betrachtung natürlich jeweils nur ein Viertel dieser Jahres-Zinssätze:

Der Swap ist kein einfaches Geschäft. Wer es nicht versteht, sollte lieber darauf verzichten!

- (–)Sollzinssatz = (–)3-Monats-Euribor + (–)Bankmarge
- (–)1,7 % = (–)0,7 % + (–)1,00 %

Die Darstellung mit dem Vorzeichen in „( )" dient nur der besseren Verständlichkeit.

Durch den Swap werden nun in einem separaten (!) Vorgang die variablen Zinsen gegen eine Festzinsvereinbarung getauscht. D.h. Sie zahlen nach dem Vorgang einen Festzinssatz und erhalten hierfür die auf dem Kreditkonto gebuchten variablen Zinsen (leider nicht die Bankmarge) erstattet:

- (–/+)Kontobelastung = (–)Festzinssatz – (–)3-Monats-Euribor
- (–)3,3 % = (–)4 % – (–)0,7 %

Die Kontobelastung der Swap-Buchung kann negativ (Normalfall) oder auch positiv sein. Zu letzterem kommt es in dem Fall, den Sie ja absichern möchten – der Referenzzinssatz (3-Monats-Euribor) steigt über den jetzt gültigen Festzinssatz an.

Durch das doppelte negative Vorzeichen wird der 3-Monats-Euribor-Zinssatz positiv, d.h. es handelt es sich um eine Erstattung. Gemeinsam mit dem negativen 3-Monats-Euribor-Zinssatz bei der Buchung auf dem Kreditkonto hebt er sich zu 0,00 Prozent auf:

- (–)Sollzinssatz = (–)3-Monats-Euribor + (–)Bankmarge
- (–/+)Kontobelastung = (–)Festzinssatz – (–)3-Monats-Euribor

- (–)Gesamtbelastung = (–)Sollzinssatz + (–/+)Kontobelastung
- (–)Gesamtbelastung = (–)3-Monats-Euribor – (–)3-Monats-Euribor + (–)Bankmarge + (–)Festzinssatz

- (–)5 % = (–)0,7 % – (–)0,7 % + (–)1 % + (–)4 %

So viel zur Finanz-Mathematik. Sie liefert uns nicht nur die zukünftige komplette Belastung mit Zinsen, sondern auch eine weitere wesentliche Erkenntnis: Es handelt sich bei Kredit und Swap um zwei unterschiedliche Produkte. Der Zinstausch findet nicht durch den Wechsel in einen echten Festzinskredit (► Seite 55) statt, sondern erfolgt über Ausgleichszahlungen. Und damit können Kredit und Swap auch bei unterschiedlichen Banken abgeschlossen werden. Für Sie also die Möglichkeit, Preise und Konditionen zu vergleichen. Sie benötigen dazu die Angaben aus dem folgenden Praxis-Beispiel.

Swap und Kredit können auch bei verschiedenen Banken abgeschlossen werden

Praxis-Beispiel

- Währung .... CHF
- Volumen .... ohne Mindestbetrag
- Tilgung endfällig
- Zinszahlung .... vierteljährlich
- Zinsberechnung Act/360
- Referenzzinssatz 3-Monats-CHF-Libor

- Laufzeit des Swap .... 5 Jahre
- Swap-Festzins .... 1,75 %

- Laufzeit des Swap .... 7 Jahre
- Swap-Festzins .... 2,17 %

- Laufzeit des Swap .... 10 Jahre
- Swap-Festzins .... 2,55 %

Für einen Preisvergleich benötigen Sie also: Währung, Volumen, Zinszahlungs-Turnus, Zinsberechnung, Referenzzinssatz und Laufzeit. Je nach Länge der Laufzeit kommt es zu unterschiedlichen Zinssätzen, die üblicherweise mit der Länge der Zinsbindung ansteigen (► auch Seite 37 im Abschnitt „Kapitalmarkt").

Bei der Festlegung des Kapitalbetrages müssen Sie vorsichtig sein. Dies liegt daran, dass Sie durch den Swap für die gesamte Laufzeit einen

Entwicklung 3-Monats-CHF-Libor mit Swap-Sätzen

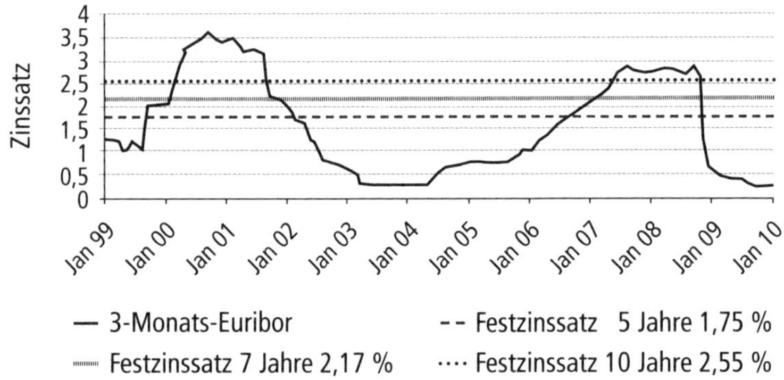

Festzinssatz auf einen festen Betrag vereinbaren. Hierdurch wirken sich periodische Tilgungen (z.B. durch einen Abstatter-Kredit) oder aperiodische Tilgungen (Sondertilgungen) nur sehr eingeschränkt aus. Aber immerhin etwas im Gegensatz zum Festzinskredit, wie in der Folge zu sehen ist.

Nochmals die Buchung von dem Beispiel zuvor:

- (–)Sollzinssatz = (–)3-Monats-Euribor + (–)Bankmarge
- (–)1,7 % = (–)0,7 % + (–)1 %

Tilgungen wirken sich in der Swap-Zeit nur beschränkt auf die Zinslast aus

- (–/+)Kontobelastung = (–)Festzinssatz – (–)3-Monats-Euribor
- (–)3,3 % = (–)4 % – (–)0,7 %

Hierbei bezieht sich der Sollzinssatz auf den Kredit und die „Kontobelastung" auf den Swap.

- Kreditbetrag: 100.000 CHF
- Swap-Betrag: 100.000 CHF
- Tilgung: 50.000 CHF

Die Zinsen sind vereinfachend für ein Jahr gerechnet, um in diesem Beispiel die quartalsweise Berechnung zu vermeiden.

- Kreditzinsen auf 100.000 CHF =
  – 100.000 : 100 · 1,7 % = – 1.700 CHF
- Kreditzinsen auf 50.000 CHF =
  – 50.000 : 100 · 1,7 % = – 850 CHF
- Swap-Ausgleichszahlung auf 100.000 CHF =
  – 100.000 : 100 · 3,30 = – 3.300 CHF

Es verringert sich durch eine zwischenzeitliche Tilgung nicht der – ja separat vereinbarte – Swap, sondern nur die Zinszahlung auf den zugrundeliegenden Kredit. Dadurch führt jede Tilgung nicht zu einer Reduktion der Zinslast in Höhe des Festzinssatzes, sondern nur des anteiligen variablen Zinssatzes nebst Bankmarge.

Discount-Swap

Die Differenz zwischen den Geld- und Kapitalmarktzinsen hat im Euro-Raum mittlerweile ein sehr großes Ausmaß angenommen. Dies bedeutet, dass für die langfristige Absicherung eines Kredites ein hoher finanzieller Mehraufwand in Kauf genommen werden muss. Zwar sind auch die langfristigen Zinsen in Europa auf historisch niedrigen Ständen (rd. 3,4 bis 3,6 Prozent für 10 Jahre). Aber im Vergleich zu Geldmarktsätzen von zum Teil unter 1 Prozent erscheint vielen Kreditnehmern auch das sehr hoch.

Ein Preisnachlass bei gleichbleibender Leistung?

Gibt es aber ein Produkt, das niedrige Zinssätze und langfristige Zinsbindung miteinander vereint? Der Name „Discount-Swap" legt dies nahe. Was aber ist der Preis für den Discount?

Eigentlich bedeutet Swap, dass Sie ihre variablen Kreditzinsen gegen eine Festzinsvereinbarung tauschen. Für die Bank bedeutet dies, dass sie sich entweder fristgerecht refinanzieren muss (für den Kredit mit 10jähriger Zinsbindung nimmt die Bank über einen Pfandbrief mit 10 Jahren Laufzeit fristgerecht Kapital auf), oder sie trägt das Risiko, dass der variable Zinssatz über den Festzinssatz steigt.

Beim Discount Swap wird dieses Prinzip zumindest teilweise aufgehoben. Die Bank bietet Ihnen hier einen Festzinssatz, welcher jedoch ab einer bestimmten Zinshöhe in einen variablen Zinssatz geändert wird.

Praxis-Beispiel

- Währung .... Euro
- Volumen .... ab € 500.000,--
- Tilgung endfällig
- Zinszahlung .... vierteljährlich
- Zinsberechnung Act/360
- Referenzzinssatz 3-Monats-Euribor
- Laufzeit 10 Jahre
- Zinsobergrenze .... 3 % (sofern 3-Monats-Euribor unter 4 % ansonsten 3-Monats-Euribor – 0,5 %

Referenzzinsen aktuell

- 10-Jahres-Zinssatz .... 3,6 %
- 3-Monats-Euribor .... 1,31 %

Aus „fix" wird „variabel": sehr gefährlich bei steigenden Zinsen!

Für den Kreditnehmer muss in der Endrechnung noch die Bankmarge als Kostenfaktor eingerechnet werden – 3 Prozent statt 3,60 Prozent fixe Kreditzinsen für 10 Jahre sind allerdings schon günstig. Möglich wird dies dadurch, dass der Kreditnehmer einen Teil des Bank-Risikos im Falle steigender Zinsen mitträgt. Ab einer Zinshöhe des Referenzzinssatzes von 4 Prozent ändert sich die Art der Zinsberechnung. Statt einem Festzinssatz wird jetzt wieder der 3-Monats-Euribor mit einem Abschlag (Discount) von 0,50 Prozent gerechnet. Wie sieht dies grafisch aus?

Entwicklung 3-Monats-Euribor mit Discount-Swap

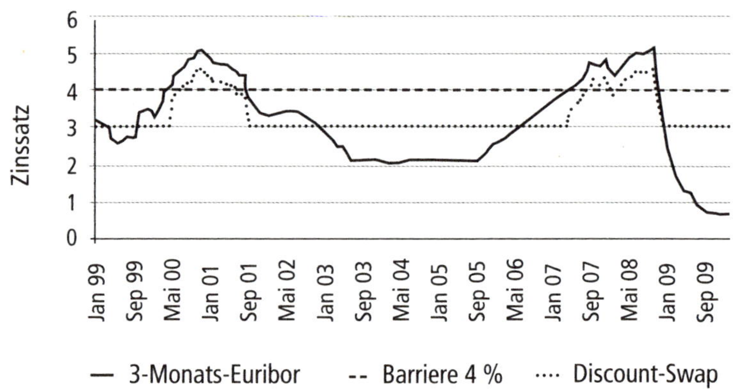

Tipp

Auch dieses Produkt ist unabhängig vom zugrundeliegenden Kredit. Hierdurch ist es möglich, diese Zinsabsicherung auch bei einer anderen als der kreditgewährenden Bank abzuschließen. Oder mit einem Vergleichsangebot von der Konkurrenz ein besseres Angebot von der eigenen Hausbank zu erzielen.

Ein Blick in die Vergangenheit zeigt, dass die Barriere von 4 Prozent in den letzten zehn Jahren zweimal übersprungen wurde, der 3-Monats-Euribor also oberhalb von 4 Prozent notierte. In diesen Fällen hätte der Kreditnehmer jetzt wieder einen variablen Zinssatz zwischen 3,50 Prozent (Barriere 4 % abzgl. 0,50 %) und rund 4,60 Prozent (Höchststand rund 5,10 % abzgl. 0,50 %) bezahlen müssen. In dem Zinsbereich zwischen dem Festzinssatz von 3 Prozent und der Barriere von 4 Prozent hätte der Kreditnehmer einen echten Vorteil gehabt, unterhalb des Festzinssatzes einen Nachteil. „Nachteil" ist dabei relativ, da ja hier die höhere Sicherheit der Finanzierbarkeit steht.

Vor einer Entscheidung für dieses Produkt muss immer abgeklärt werden, bis zu welcher Höhe an Zinsbelastung (nicht die Bankmarge vergessen!) eine Finanzierung für den konkreten Kreditnehmer möglich ist. Der Nachteil bei diesem Produkt ist ähnlich dem einer rein variablen Verzinsung: zumindest theoretisch sehr stark steigende Zinsen!

Forward-Zinsswap

Bei einem Forward-Zinsswap möchten Sie weiterhin von einem (aktuell) niedrigen variablen Zins profitieren und nach einer festgelegten Anzahl von Jahren in eine Festzinsvereinbarung wechseln. Die für die Festzinsvereinbarung geltenden Konditionen werden dabei bereits heute festgelegt.

Bereits heute für zukünftige Zeiten vorsorgen: Wie funktioniert das?

Im Vergleich zu einem bereits heute abzuschließenden Swap beinhaltet der Forward-Swap immer eine Prämie im Festzinssatz. Würden Sie heute einen Swap für 5 Jahre vereinbaren, so wären hierfür rund 4 Prozent zu zahlen. Je weiter der Forward-Swap jetzt in die Zukunft reicht, desto höher der Zinsaufschlag. Darin spiegelt sich natürlich die höhere Unsicherheit über die Zinsentwicklung in einigen Jahren wieder.

Praxisbeispiel

- Währung .... Euro
- Volumen .... kein Mindestbetrag
- Tilgung endfällig
- Zinszahlung .... vierteljährlich
- Zinsberechnung Act/360
- Referenzzinssatz 3-Monats-Euribor
- Laufzeit des Zinsswap .... in 2 Jahren für 5 Jahre
- Zu zahlen ab Jahr 3 .... fix 4,2 % + Bankmarge

- Laufzeit des Zinsswap .... in 3 Jahren für 7 Jahre
- Zu zahlen ab Jahr 4 .... fix 4,5 % + Bankmarge
-
- Laufzeit des Zinsswap .... in 3 Jahren für 5 Jahre
- Zu zahlen ab Jahr 4 .... fix 4,4 % + Bankmarge

Referenzzinssatz
- 3-Monats-Euribor .... 0,94 %

Wie werden die Zinsen nach der Gesamtlaufzeit des Forward aussehen?

Und diese Einschätzung der zukünftigen Zinsentwicklung ist auch wichtig, will man die Sinnhaftigkeit dieses Produktes für sich beurteilen. Der Abschluss eines Forward-Swap „in 2 Jahren für 5 Jahre" bedeutet, dass man noch für zwei Jahre von den niedrigeren Zinsen profitieren will. Das nächste Zinshoch erwartet man damit erst nach den zwei Jahren. Ob dies aber wirklich so eintrifft, kann heute noch nicht gesagt werden. Ebenso mit Unsicherheit behaftet ist die Frage, ob nach Ablauf der Gesamtlaufzeit in 7 Jahren (2 Jahre variable Zinsen, danach 5 Jahre Festzinssatz) ein Zinstal oder ein Zinshoch ist. Aber diese Unsicherheit besteht bei jeder Art von zeitlich befristeter Zinsfestschreibung, die vor dem Kreditende liegt.

Im nächsten Beispiel (Abbildung ► Seite 91) hat ein Kreditnehmer den Forward-Swap Anfang 2003 abgeschlossen. Die Bedingungen lauteten „2 Jahre variabel plus 5 Jahre zu 4,2 Prozent fix". Eine Zinsabsicherung ist kein rein mathematisches Problem in dem Sinne, ob man bei fixen oder variablen Zinssätzen höhere Zinsen bezahlt. Wesentlich wichtiger ist die Frage, ob man sich die (unbekannten) Zinsspitzen auch leisten kann! In

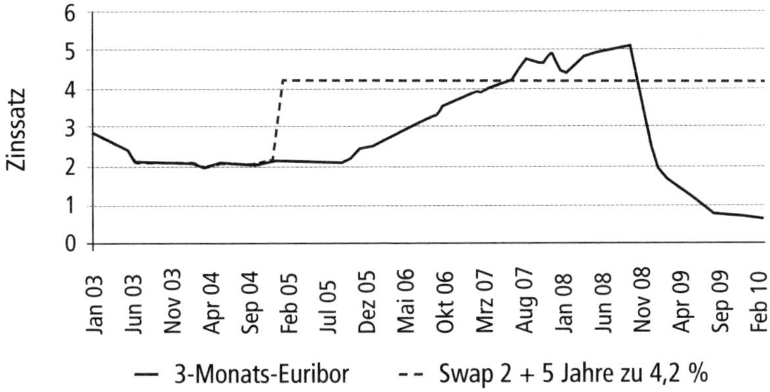

Entwicklung des 3-Monats-Euribors mit Forward-Swap ab 2003

diesem Sinne mag jeder für sich entscheiden, ob die Vereinbarung eines Forward-Swap Anfang 2003 oder auch heute als sinnvoll erscheint.

Zur mathematischen – und trotzdem mit Unsicherheiten behafteten – Fragestellung jedoch so viel:

Zur Beurteilung der Preiswürdigkeit mit anderen Produkten vergleichen

- Wie hoch ist der Swap-Festzinssatz heute für die Gesamtlaufzeit (z.B. 4 % für 7 Jahre)?
- Wie hoch ist der Forward-Swapsatz für die Vereinbarung „2 Jahre variabel + 5 Jahre fix zu x %“?
- Wie hoch wird der Zinsvorteil in den ersten 2 Jahren im Vergleich zwischen variablem Zinssatz und normalen Swap-Satz erwartet?
- Wie hoch ist der Zinsnachteil während der verbleibenden 5 Jahre (hier: X % abzüglich 4 %)?

Das gleiche ist natürlich auch mit anderen Währungen möglich, wobei die Konditionen dort zum Teil erheblich schlechter sind (Praxis-Beispiel ► Seite 92). Zwar liegen die CHF-Forward-Zinssätze unterhalb der Euro-Zinssätze. Jedoch ist dies auch in Relation zum Zinsniveau in dieser Währung zu sehen:

Nimmt man hier nur einmal die Festzinssätze nach Ablauf der variablen Vorlauf-Jahre, so sind diese in Höhe der bisherigen Zinshöchstpunkte während der letzten 10 Jahre. Dies ist zumindest auch im Vergleich zu unserem Praxis-Beispiel der Euro-Zinsen ausgesprochen viel.

Praxis-Beispiel

- Währung .... CHF
- Volumen .... kein Mindestbetrag
- Tilgung endfällig
- Zinszahlung .... vierteljährlich
- Zinsberechnung Act/360
- Referenzzinssatz 3-Monats-CHF-Libor
- Laufzeit des Zinsswap .... in 2 Jahren für 5 Jahre
- Zu zahlen ab Jahr 3 .... fix 3,19 % + Bankmarge

Nicht jedes angebotene Produkt muss auch wirklich sinnvoll für den Kreditnehmer sein

- Laufzeit des Zinsswap .... in 3 Jahren für 5 Jahre
- Zu zahlen ab Jahr 4 .... fix 3,60 % + Bankmarge

- Laufzeit des Zinsswap .... in 3 Jahren für 7 Jahre
- Zu zahlen ab Jahr 4 .... fix 3,69 % + Bankmarge

Referenzzinssatz
- 3-Monats-CHF-Libor .... 0,39 %

Entwicklung 3-Monats-CHF-Libor und Forward-Swap-Sätze

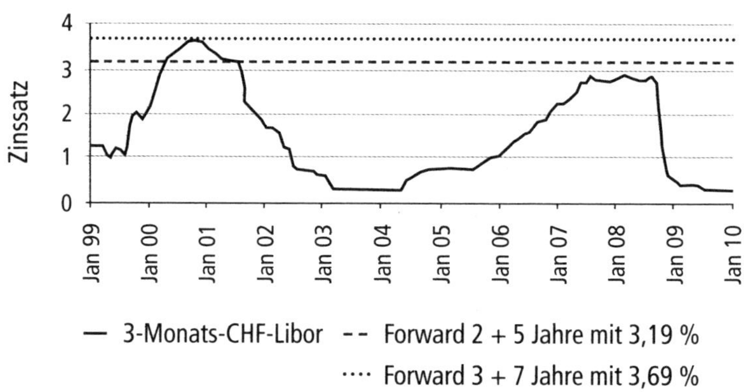

Multi-Callable-Swap

Ein Multi-Callable-Swap ist zuerst einmal ein Swap: Es findet ein Austausch von fixen und variablen Zinszahlungen statt. Im Gegensatz zum normalen Swap gibt es aber ein mehrfaches (Multi) Kündigungsrecht (Callable), welches einseitig nur der Bank zusteht. Diese bietet dem Vertragspartner hierfür einen Ausgleich in Form eines sehr günstigen, d.h. sehr niedrigen Festzinssatzes.

Schauen wir uns wieder die Entwicklung des Referenzzinssatzes (3-Monats-Euribor) mit einem Festzinssatz von 2 Prozent an (Abbildung ► unten). Das reale Produktangebot sah hier wie im angeführten Praxis-Beispiel (► Seite 94) aus.

Ein Festzinssatz von 2 statt 4 Prozent – was könnte der Preis für dieses Geschenk sein?

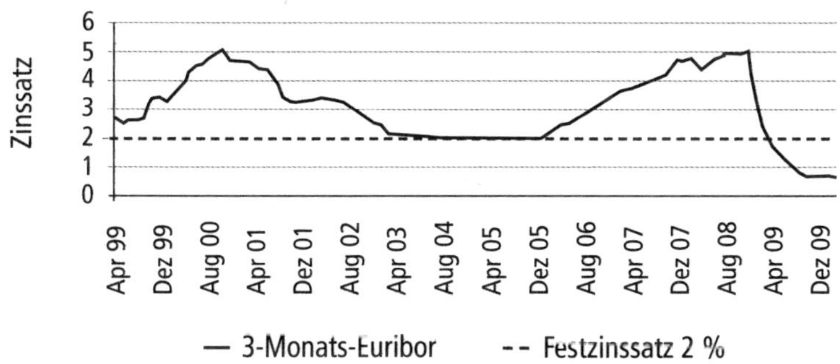

Entwicklung 3-Monats-Euribor mit Festzinssatz 2 %

In diesem Fall bietet die Bank also an, dass sie dem Kunden im Tausch gegen dessen variable Zinsen auf Basis 3-Monats-Euribor einen Festzinssatz von nur 2 Prozent bei fünfjähriger Zinsbindung bzw. 2,25 Prozent bei zehnjähriger Laufzeit verrechnet. Und dies wohlgemerkt im Euro und nicht im Schweizer Franken oder im japanischen Yen! Und damit die Vorteilhaftigkeit dieses Produktes auch direkt klar wird, hat die Bank klar dargestellt, wie viel ein Kreditnehmer ansonsten für diese Laufzeiten bezahlen müsste: 2,85 Prozent statt 2 Prozent bei fünfjähriger und 3,70 Prozent statt 2,25 Prozent bei zehnjähriger Zinsbindung.

Praxis-Beispiel

- Währung .... Euro
- Volumen .... ab € 1.000.000,--
- Tilgung endfällig
- Zinszahlung .... vierteljährlich
- Zinsberechnung Act/360
- Referenzzinssatz 3-Monats-Euribor
- Laufzeit .... 5 Jahre .... 10 Jahre
- Zinsobergrenze .... 2 % .... 2,25 %

Referenzzinsen aktuell

- 5-Jahres-Swapsatz .... 2,85 %
- 10-Jahres-Swapsatz .... 3,7 %
- 3-Monats-Euribor .... 1,31 %

Preisfrage: Welches Angebot ist für den Kreditnehmer günstiger? Die 5jährige oder die 10jährige Zinsbindung?

Im unserer Abbildung mit der Entwicklung des 3-Monats-Euribor und dem Festzinssatz ist zu sehen, dass der 3-Monats-Euribor seit 1999 immer oberhalb oder maximal auf dem Zinssatz von 2 Prozent notierte. Erst Anfang 2009 fiel er stark und notiert seitdem unterhalb dieser Barriere.

Bei einem Swap, d.h. dem Tausch von variabler gegen feste Verzinsung, erhalten Sie als Kreditnehmer den festen Zinssatz von hier 2 Prozent (5 Jahre) oder 2,25 Prozent (10 Jahre). Dies ist Ihr Soll-Zinssatz. Die Bank erstattet Ihnen im Gegenzug die Zinsen Ihrer heutigen variablen Verzinsung, in diesem Fall den 3-Monats-Euribor. Solange also der Referenzzinssatz für die variable Verzinsung niedriger ist als der Festzinssatz, bezahlen Sie in Summe mehr als mit einer variablen Verzinsung. Steigt aber der Referenzzinssatz über den Festzinssatz, so würden Sie von der Bank die Ausgleichszahlung erhalten und in Summe weiterhin den niedrigen Festzinssatz von 2 Prozent bzw. 2,25 Prozent bezahlen. Ein gutes Geschäft für Sie? Aber was heißt „Multi-Callable"? Richtig: die Bank hat bei diesem Produkt ein mehrfaches einseitiges Kündigungsrecht. Möchte die Bank Ihnen also bei steigenden Zinsen keine Zuzahlung leisten – kann (wird) sie die Swap-Vereinbarung kündigen.

Ein mehrfaches einseitiges Kündigungsrecht für die Bank benachteiligt den Konsumenten unangemessen

Und jetzt die Lösung zu der Frage von vorhin: Zwar hat das Angebot mit der fünfjährigen Zinsbindung nur einen Zinsvorteil gegenüber dem Markt von 0,85 Prozent (2,85 % abzgl. 2 %) und die zehnjährige Zinsbindung einen höheren Zinsvorteil von 1,45 Prozent (3,70 % abzgl. 2,25 %). Der vom Kreditnehmer zu zahlende Festzinssatz ist jedoch um 0,25 Prozent (2,25 % abzgl. 2 %) günstiger. Die Bank wird die Swap-Vereinbarung sofort kündigen, sobald der 3-Monats-Euribor über den Festzinssatz steigt, denn genau dafür hat sie sich ein jährliches mehrfaches Kündigungsrecht ausbedungen. Dieser Zeitpunkt wird aller Voraussicht nach bei beiden Zinsbindungsfristen identisch sein, schließlich liegen beide Zinssätze sehr eng beieinander. Mit der fünfjährigen Zinsbindung ersparen Sie sich also bei identer Gesamtlaufzeit (in Realität nach Kündigung) pro Laufzeitenjahr 0,25 Prozent Zinsen. Klingt wenig, ist bei einer Mindestvertragsgröße von 1 Million Euro jedoch auch ein Betrag von 2.500 Euro.

Ein geringerer Preisnachlass kann für den Käufer auch billiger sein

Der Multi-Callable-Swap kann in keinem Fall empfohlen werden. Denn eigentlich suchen Sie eine Möglichkeit, sich gegen (stark) steigende Zinsen abzusichern. Gerade in diesem Fall wird die Bank jedoch von ihrem einseitigen Kündigungsrecht Gebrauch machen, und Sie stehen in Zeiten steigender Zinsen ohne Absicherung da.

Und in den Zeiten, in denen der Referenzzinssatz für die variable Verzinsung unterhalb des Festzinssatzes liegt? Da verlieren Sie mit diesem Produkt im Vergleich zur variablen Verzinsung Geld. Also: Dieses Produkt braucht niemand – außer den Banken.

Step-up-Zinsswap

Ausgangssituation ist wiederum ein aktuell sehr niedriges Zinsniveau. Für die Zukunft, d.h. in den nächsten Monaten oder im nächsten Jahr, rechnen Sie mit deutlich steigenden Zinsen, gegen die Sie sich durch die Vereinbarung eines Swap absichern möchten.

Bei einem sogenannten „Step-up-Swap" zahlen Sie in den ersten Jahren einen sehr niedrigen Zins, der oft in der Größenordnung der aktuellen variablen Zinsvereinbarung liegt. Als Ausgleich hierfür zahlen Sie dann in den Folgejahren einen entsprechend höheren Festzinssatz.

Optisch sieht es schon recht verlockend aus: nur 1 Prozent Festzinssatz in den ersten beiden Jahren. Zwar steigt der Festzinssatz in den Jahren

Praxis-Beispiel

- Währung .... Euro
- Volumen .... ohne Mindestbetrag
- Tilgung endfällig
- Zinszahlung .... vierteljährlich
- Zinsberechnung Act/360
- Referenzzinssatz 3-Monats-Euribor
- Laufzeit 10 Jahre
- Festzins Jahr 1 + 2 .... 1 %
- Festzins Jahr 3 – 10 .... 4,25 %

Referenzzinssatz aktuell

- 3-Monats-Euribor .... 0,82 %
- 10-Jahres-Swapsatz .... 3,55 %

Niedrige Anfangssätze und dann Steigerungen: immer genau nachrechnen!

3 bis 10 auf stattliche 4,25 Prozent – aber Sie erwarten ja auch, dass der 3-Monats-Euribor und das gesamte Marktniveau ansteigt. Richtig? Nein!

Zuerst rechnen wir einmal:

Jahr	Zinssatz
1	1%
2	1%
3	4,25%
4	4,25%
5	4,25%
6	4,25%
7	4,25%
8	4,25%
9	4,25%
10	4,25%
	36%
Zinssatz pro Jahr	3,6%

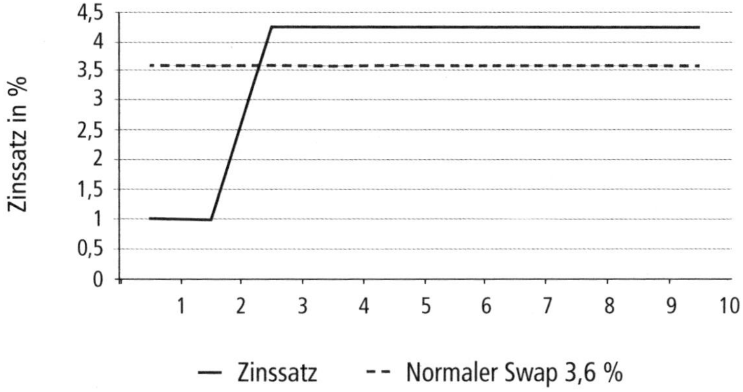

Vergleich von Step-up-Swap mit normalem Swap

Durchgerechnet ergibt sich hier ein jährlicher durchschnittlicher Zinssatz von 3,60 Prozent. Dieser ist leicht höher als der aktuelle Marktzinssatz (10-Jahres-Swapsatz) von 3,55 Prozent. Dafür müssen Sie Ihre Zahlungen jedoch auch etwas später leisten, sodass es beim genauen Rechnen mit einer Abzinsung der Zahlungsströme wahrscheinlich auf das gleiche Ergebnis hinauslaufen würde. Also in jedem Fall kein Geschenk, sondern ein marktadäquates Angebot.

Vom Step-up-Swap als Produkt ist dennoch abzuraten. Und zwar aus folgenden Gründen:

- Ungleiche Zahlungsbeträge. Das wichtigste Interesse eines Kreditnehmers muss sein, die geplanten Zins- und Tilgungsleistungen zu erbringen. Dies bedeutet, dass das verfügbare Haushaltseinkommen zu jedem Zeitpunkt des Kreditvertrages dafür ausreichen muss. Kleinere Zahlungen am Anfang und höhere Zahlungen am Ende des Vertrages bedeuten die Gefahr, dass das verfügbare Einkommen nur bzgl. der ersten Jahre der Festzinsvereinbarung geprüft wird. Mit einem Prozent Zinsen können wir die Immobilie noch finanzieren – mit 4,25 Prozent jedoch möglicherweise nicht mehr. Hier ist sehr viel Genauigkeit und Konsequenz erforderlich und die Durchrechnung der eigenen finanziellen Möglichkeiten auch mit dem höheren Zinssatz vorzunehmen.

Auch die höheren Zahlungen müssen ohne Probleme in das Haushaltsbudget passen

Tipp

Sollten Sie sich doch für dieses Produkt entscheiden, ist es gut zu wissen, dass dieser Step-up-Swap vom eigentlichen Kredit unabhängig ist. Beide können bei der gleichen Bank oder bei unterschiedlichen Kreditinstituten abgeschlossen werden. Und so hat diese Produktvariante zumindest ein Gutes: eine stärkere Wettbewerbssituation unter den Banken und damit möglicherweise verbesserte Kreditkonditionen für den Kreditnehmer.

- Belastung der unsicheren Zukunft. Ebenso ist es sehr gefährlich, die weiter entfernt liegende Zukunft mit höheren Zahlungsverpflichtungen zu belasten. Dies engt den Spielraum für Notfälle (schwere Krankheit, Arbeitslosigkeit ...) sowie größere Anschaffungen (Ersatz für alten PKW ...) stark ein.

Wählen Sie einfache Produkte

Beide Gründe können natürlich damit entkräftet werden, dass der Kreditnehmer die Ersparnis der ersten beiden Jahre [2 Jahre · (3,60 % Durchschnittszinssatz – 1 % Festzins) = 5,20 Prozent] konsequent zur Seite legt (separates Sparbuch) und jedes Jahr in den Jahren 3 bis 10 den entsprechenden Differenzbetrag (4,25 % Festzinssatz – 3,60 % Durchschnittszinssatz = 0,65 Prozent) zum Ausgleich der erhöhten Zinsbelastung entnimmt. Aber Hand auf Herz: Trauen Sie sich das zu?

Swaption

Wieder die gleiche Situation: aktuell gibt es eine Niedrigzinsphase, die Sie möglichst noch für Zinsersparnisse ausnutzen möchten. Sie rechnen jedoch damit, dass die Zinsen in einem Jahr möglicherweise schnell und stark ansteigen werden. Ganz sicher sind Sie sich bzgl. der zukünftigen Zinsentwicklung jedoch nicht: Sollte die Wirtschaft wider Erwarten sehr schwach bleiben und die Rohstoffpreise erneut sinken, rechnen Sie mit nur einer moderaten Preissteigerung und kaum steigenden Zinsen. Um beiden Überlegungen gerecht werden zu können, überlegen Sie den Kauf einer Swaption. Dies ist ein Kunstwort und bedeutet: „Kauf einer Option auf einen Swap". Sie erwerben damit heute das Recht, zu einem zukünftigen Termin zu entscheiden, dass Sie einen Swap mit bereits heute

Praxis-Beispiel

- Währung .... Euro
- Volumen .... ab € 1.000.000,--
- Tilgung endfällig
- Optionslaufzeit .... 1 Jahr
- Swap-Laufzeit .... 9 Jahre
- Zinszahlung .... vierteljährlich
- Zinsberechnung Act/360
- Referenzzinssatz 3-Monats-Euribor
- Prämie für Option .... einmalig 2 %
- Festzinssatz Swap .... 4 %

Referenzzinsen aktuell

- 10-Jahres-Swapsatz .... 3,5 %
- 9 -Jahres-Swapsatz .... 3,35 %
- 3-Monats-Euribor .... 0,74 %

feststehenden Konditionen erwerben können. Für den Fall, das Sie dieses Recht nicht wahrnehmen wollen, können Sie sich auch den Barwert des Swaps auszahlen lassen.

In diesem Beispiel aus der Praxis kaufen Sie für die einmalige Prämie von 2 Prozent das Recht (Option), nach einem Jahr einen Swap mit 9jähriger Laufzeit und einem Festzinssatz von 4 Prozent abzuschließen.

Hohe einseitige Flexibilität für den Kreditnehmer ist nicht kostenlos

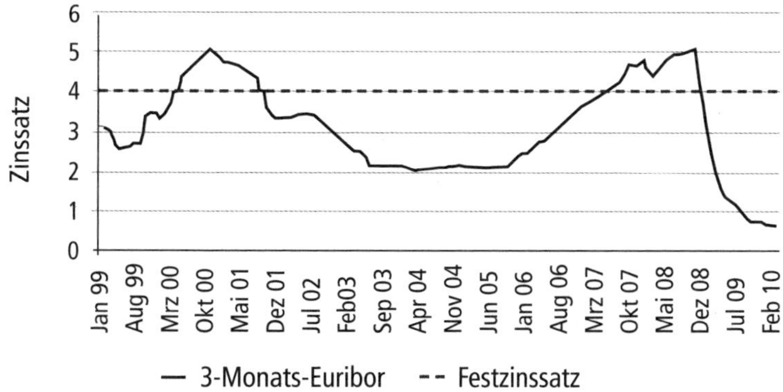

3-Monats-Euribor und Festzinssatz 4 %

Zumindest im Hinblick auf die Historie des 3-Monats-Euribors, welcher ja dem Swap zugrunde liegt, scheint der Festzinssatz recht hoch gewählt. Ein anderes Bild könnte sich möglicherweise ergeben, wenn man den Festzinssatz von 4 Prozent mit der aktuellen Marktsituation vergleicht. Im obigen Beispiel lag der 10-Jahres-Swapsatz bei 3,50 Prozent und der 9-Jahres-Swapsatz bei 3,35 Prozent. Beide sind gute Vergleichsmaßstäbe, da man ja heute statt dem Kauf der Swaption auch einen 10-Jahres-Swap vereinbaren könnte. In diesem Fall würden Sie 3,50 Prozent Fixzinssatz erzielen können – und die Prämie auch noch sparen. Und der 9-Jahres-Swapsatz zeigt auf, was Sie nach heutigem Stand für den Abschluss eines neunjährigen Swap bezahlen müssten.

Zur besseren Übersichtlichkeit nochmals in einer Aufstellung:

Eine einfache Addition zeigt, dass ein kompliziertes Produkt nicht immer billig sein muss

Jahr	Swaption	10 Jahres-Swap
0	2%	
1	3-M-Euribor	3,5%
2	4%	3,5%
3	4%	3,5%
4	4%	3,5%
5	4%	3,5%
6	4%	3,5%
7	4%	3,5%
8	4%	3,5%
9	4%	3,5%
10	4%	3,5%
	38%	35%

Im direkten Vergleich des Abschlusses eines 10jährigen Swap und dem Kauf einer Swaption schneidet der Swap im 10-Jahres-Vergleich deutlich besser ab. Insgesamt nur 35 Prozent statt 38 Prozent an Zinsen sind zu bezahlen. Und hierbei ist nicht miteingerechnet, dass der Kreditnehmer im ersten Jahr ja noch variabel mit dem 3-Monats-Euribor finanziert ist.

Tipp

Es kann sehr lohnend sein, ein neues Produktangebot genau durchzulesen und mit den Zahlen des Anbieters bzw. eigenen Zahlen durchzurechnen. Und einen in Aussicht gestellten Verkaufserlös sollte man vorsichtshalber nicht mit einkalkulieren. Lieber bei den nackten Zahlen bleiben – zu viel Phantasie vernebelt leicht die Sinne.
Nun kann man einwenden, dass die Grundidee der Swaption ja war, nach einem Jahr bei weiterhin niedrigem Zinsniveau im Bereich der variablen Zinsen zu bleiben. Ja, richtig – allerdings auch mit der Unsicherheit, wann dann doch eine Zinserhöhung kommt. Für die Option haben Sie für ein Jahr 2 Prozent bezahlt. Addieren Sie dies auf den 3-Monats-Euribor drauf, so war der Zinssatz im ersten Jahr 2,74 Prozent. Hier ist der Abstand zum Festzinssatz von 3,5 Prozent nicht mehr so weit.

Da dieser Zinssatz wohl kaum noch tiefer sinken kann, würde sich der Nachteil der Swaption um weitere 0,74 Prozent erhöhen – mindestens!

Aber es gab ja auch noch die Möglichkeit, sich „den Barwert des Zinsswaps auszahlen zu lassen und so Ihren Zinsvorteil sofort zu realisieren". Was hat es damit auf sich? Dieser Swap sichert das Recht, ab einem bestimmten Zeitpunkt (in einem Jahr) für neun Jahre einen Festzinssatz zu vereinbaren. Daraus alleine aber kann man keinen Wert des Swaps ableiten. Dazu benötigen Sie das Marktzinsniveau zum möglichen Ausübungszeitpunkt. Dieses liegt natürlich ein Jahr in der Zukunft. Als Nicht-Hellseher kann man sich nur an folgende Überlegungen halten: Wenn der Festzinssatz der Swaption in einem Jahr unter-

Verkaufserlöse sollten Sie nie mit einplanen – oft sind sie unrealistisch

Tipp

Achten Sie sehr genau darauf, ob es sich um den „Kauf einer Swaption" oder den „Verkauf einer Swaption" handelt. Als Käufer bezahlen Sie eine Prämie und haben eine Entscheidungsfreiheit, ob Sie das Geschäft auch wirklich machen wollen. Als Verkäufer erhalten Sie die Prämie, müssen jedoch auf Anforderung des Käufers in das Geschäft einsteigen. Und dies ist immer dann der Fall, wenn das Geschäft für den Käufer vorteilhaft und den Verkäufer von Nachteil ist. Hier ist äußerste Vorsicht angebracht!

Mit Logik entkräften Sie Verkaufsargumente

halb des dann gültigen 9-Jahres-Swapsatzes liegt, ist es sinnvoll, diesen auszuüben. Für einen Käufer hätte die Swaption maximal den Wert, welcher dem Zinsvorteil für die folgenden 9 Jahre entspricht (natürlich abgezinst zum Barwert). Liegt der 9-Jahres-Swapsatz jedoch auf oder unter unserem Festzinssatz, ist die Swaption wertlos. Für Sie und jeden potentiellen Käufer wäre es sinnvoller, die Option verfallen zu lassen und zu den günstigeren aktuellen Marktsituationen einen neuen Swap abzuschließen.

Währungsrisiken

Einflüsse auf Währungen verstehen

Produkte zur Währungssicherung kennen

Fremdwährungskredite in Höhe von 50 Milliarden Euro hat die Oesterreichische Nationalbank für das Jahr 2008 ausgewiesen. Rund 20 Milliarden davon entfallen auf Unternehmen, der Großteil jedoch von rund 30 Milliarden auf private Kredite, in den allermeisten Fällen für den Hausbau.

Viele Kreditnehmer sehen in einer anderen Währung nur die Möglichkeit niedriger Zinsen. Übersehen oder verdrängt wird aber zumeist, dass auch die Wahl der Fremdwährung Chancen und Risiken bieten kann. Gerade aufgrund der hohen Risiken hat die österreichische Finanzmarktaufsicht (FMA) die Neuvergabe von Fremdwährungskrediten an Privatpersonen stark eingeschränkt. Um die Chancen und vor allem Risiken aber beurteilen und einschätzen zu können, muss man sich erst einmal mit den Währungen, ihren Besonderheiten, ihren Einflussfaktoren etc. näher beschäftigen.

Die Neuvergabe von Fremdwährungskrediten ist sehr stark eingeschränkt

Und nicht zuletzt geht es in diesem Kapitel darum, die Währungsrisiken aufzuzeigen und Gegenstrategien zu analysieren. Welche angebotenen Produkte und Verfahren taugen – und welche sind gänzlich ungeeignet? Auch wenn die Neuvergabe der Fremdwährungskredite eingeschränkt ist, so braucht es doch auch Lösungsmöglichkeiten für die bestehenden Kredite im Umfang von gut 30 Milliarden Euro.

Darstellung der Währungsrisiken

Insbesondere beim Risiko aus Währungsbewegungen kommt es zu Unsicherheiten und Missverständnissen, welche Bewegung denn weshalb als Risiko oder als Chance zu verstehen ist. Dies liegt im Grunde genommen an zwei Punkten:

Problem der Darstellung bei Währungskursen

Bei der heute üblichen Währungssicht schauen wir Europäer von unserer Währung, dem Euro, auf die Fremdwährung und fragen: „Was ist unsere Währung wert?" oder „Was bekomme ich an Fremdwährung für einen Euro?". Bei einem Kurs von 1,50 zwischen Euro und Schweizer Franken bedeutet dies, dass ein Euro 1,50 Franken wert ist.

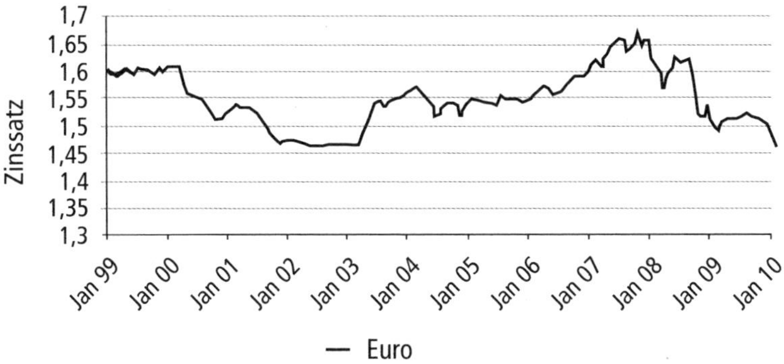

Entwicklung Devisenkurse EUR/CHF von 1999 bis 2010

Eine Entwicklung des Währungskurses von 1,50 nach 1,60 bedeutet entsprechend, dass Sie jetzt mehr Franken für einen Euro erhalten. Und dies bedeutet gleichermaßen (je nach Sichtweise):

- der Euro hat aufgewertet
- der Franken hat abgewertet

Es gibt jedoch auch die gegenteilige Darstellung, d.h. die gleiche Währungsentwicklung wird aus der Sicht der Fremdwährung betrachtet:

- Kurs CHF/EUR: 0,6610
- Kurs EUR/CHF: 1,5126

Die Sichtweise des Betrachters lässt sich an der Bezeichnung ablesen

Die Währung, aus deren Sicht der Währungskurs angezeigt wird, steht hier immer vorne. Zu der anderen Sicht kommt man näherungsweise rein rechnerisch durch:

- Kurs EUR/CHF = 1 : Kurs CHF/EUR
- 1,5128 = 1 : 0,6610

Problem der Gläubiger- oder Schuldner-Sicht

Ob eine Währungsauf- oder -abwertung gut für uns ist, hängt wesentlich davon ab, ob wir mit unserer Währung Euro Vermögenswerte in der Fremdwährung haben (wir sind Gläubiger) oder Schulden (wir sind Schuldner).

Dies verdeutlicht folgendes Zahlenbeispiel:

Betrag Euro	CHF-Betrag	Kurs	Euro-Betrag	Gewinn in Euro
100.000 €	149.900 €	1,4990	100.000 €	0 €
100.000 €	149.900 €	1,6105	93.076,68 €	6.923,32 €
100.000 €	149.900 €	1,3000	115.307,69 €	–15.307,69 €

Auf- und Abwertungen von Währungen wirken sich auf Vermögen und Schulden gegenläufig aus

Sind Sie in der Fremdwährung (hier: CHF) verschuldet, so führt jede Aufwertung des Euro gegenüber der Fremdwährung für Sie zu einem Gewinn. Für den Ankauf der Fremdwährung, um in dieser Währung Ihre Schulden zurückzuzahlen, müssen Sie weniger Euro ausgeben. In unserem Beispiel für den Kredit in Höhe von 149.900 Franken (100.000 Euro zum Kurs von 1,499) müssen Sie bei einer Aufwertung des Euros auf 1,6105 nur noch 93.076,68 Euro bezahlen. Eine Abwertung des Euros (d.h. eine Aufwertung des Franken) hingegen bedeutet für Sie Verlust. Ihr Kapitalbedarf in Euro steigt, um den bestehenden Franken-Kredit abzulösen.

Haben Sie jedoch keine Schulden, sondern Vermögenswerte in der Fremdwährung, so ist alles umgekehrt. Durch eine Aufwertung des Euro werden die Fremdwährungs-Vermögenswerte in Euro weniger wert.

Betrag Euro	CHF-Betrag	Kurs	Euro-Betrag	Gewinn in Euro
100.000 €	149.900 €	1,4990	100.000 €	0 €
100.000 €	149.900 €	1,6105	93.076,68 €	– 6.923,32 €
100.000 €	149.900 €	1,3000	115.307,69 €	15.307,69 €

Wenn wir in diesem Buch von Währungsrisiken sprechen, so meinen wir die Risiken aus den Hauskrediten in Fremdwährung. Dementsprechend liegt das Risiko in einer Aufwertung der Fremdwährung oder (gleichbedeutend) in einer Abwertung des Euro gegen die Kreditwährung.

Einflussfaktoren auf ausgewählte Währungen

Die zukünftige Kursentwicklung einer Währung kann Ihnen niemand verlässlich vorhersagen. Streng genommen gibt es noch nicht einmal eine einheitliche Theorie, wie sich Währungen konkret entwickeln. Lediglich „genaue" Vorstellungen über die möglichen Einflussfaktoren. Hier die wichtigsten davon:

Währung USD

Für die US-amerikanische Währung gelten – wie wahrscheinlich für jede Währung – einige Besonderheiten. Zuerst einmal ist der US-Dollar auch weiterhin wohl die wichtigste Währung in der Welt.

Was bedeutet das?

Währungen können „Leitwährungen" werden

- Währungsanbindung weiterer Währungen. Etliche Länder wie z.B. China haben ihre eigene Währung an die Entwicklung des US-Dollars gekoppelt. Dadurch steigt die Bedeutung dieser Währung zusätzlich über den Anteil Amerikas am Welthandel hinaus.
- Preisvereinbarung weltweiter Güter. Für etliche Güter wie Öl, Gas, Rohstoffe, Edelmetalle, Schifffahrtskapazität und viele andere werden die Preise in US-Dollar vereinbart.

Dies verstärkt einige der Währungseffekte insbesondere beim US-Dollar.

Währungsnachfrage durch Güterverkehr

Wie bereits angesprochen, werden einige Waren prinzipiell in US-Dollar gehandelt. Eine höhere Nachfrage nach diesen Waren führt zu steigenden Warenpreisen und damit indirekt zu einer insgesamt höheren Nachfrage nach US-Dollar. Dies führt tendenziell zu einer Aufwertung der Währung US-Dollar und damit zu einer Abwertung des Euros.

Zinsdifferenz

Zinsdifferenzen sind ein vielbeachteter Einfluss auf Währungen

Eine Währung ist dann attraktiver für Anleger, wenn sie eine positive Zinsdifferenz (einen höheren Zinssatz) hat als die andere Währung. Die Währung mit den höheren Zinsen wird tendenziell aufgewertet, die mit dem niedrigeren Zinssatz tendenziell abgewertet. Im Winter 2009/10 zeichnete sich langsam eine Erholung der amerikanischen Wirtschaft ab, und die amerikanische Notenbank (FED) sprach von der Möglichkeit erster Zinserhöhungen. Da gleichzeitig die Europäische Zentralbank (EZB) Zinserhöhungen im ersten Halbjahr nicht sah, bewegte sogar die bloße Erwartung einseitig steigender Zinsen in Amerika leichte Währungsgewinne des Dollar (Aufwertung) gegenüber dem Euro (Abwertung).

Wirtschaftsdaten

Positive Wirtschaftsdaten wie geringe(re) Arbeitslosigkeit, geringe Inflation, Wirtschaftswachstum etc. werden als tendenziell positiv für eine Währung angesehen. Aber natürlich kommt es hier auf den relativen Vorteil des einen Landes gegenüber dem anderen Land an: Ein Wirtschaftswachstum von 4 Prozent in beiden Ländern ist neutral für die Währungen, ein höheres Wirtschaftswachstum in einem Land führt dort tendenziell zu einer Aufwertung. Wie beim vorherigen Punkt „Zinsdifferenz" gesehen, beeinflussen sich die Faktoren aber natürlich auch gegenseitig. Zwar haben positive Wirtschaftsdaten in einem Land bereits Auswirkungen auf die Währungsentwicklung. Sie führen jedoch unter Umständen auch zu Zinserhöhungen, die ebenfalls wieder positive Auswirkungen auf die Entwicklung der Währung haben. Dadurch ist es nur schwer möglich, einzelne Gründe und ihre Auswirkungen zu selektieren. Und ganz schwierig wird es, wenn die Devisenhändler in Wirkungsketten denken: positive Wirtschaft > höhere Zinsen > Verlangsamung Wirtschaftswachstum – wird die Währung jetzt auf- oder abgewertet?

Sicherheits-Währungen

In Krisenzeiten transferieren die Anleger ihr Geld gerne in die Währungen, die sie für besonders sicher halten. Im Konkreten sind dies unter anderem der US-Dollar und der Schweizer Franken. In Krisenzeiten kommt es dadurch zu einer zum Teil erheblichen Aufwertung der Währung.

Spekulations-Währungen

Insbesondere der US-Dollar als Weltwährung steht im Mittelpunkt vielfältiger Spekulationen. Bereits Gerüchte wie beispielsweise

- Umschichtung von Währungsreserven Chinas von USD nach Euro
- Bindung des Ölpreises an Warenkorb statt einseitig an US-Dollar

führen zum Teil zu erheblichen Auswirkungen auf die Währungen. Hier ist im Gegensatz zu den Warenströmen keine reale (größere oder kleinere) Nachfrage nach einer Währung erforderlich, es reicht vielmehr bereits die Erwartung von zukünftigen Entwicklungen. Über die Spekulation in dieser Währung werden die Auswirkungen zukünftiger (möglicher) Änderungen in den Geld- und Warenströmen bereits vorweggenommen.

Spekulation hat sehr großen Einfluss auf Währungsentwicklungen

Carry-Trade-Währungen

Darunter versteht man Währungen mit sehr niedrigen Zinsen. In Zeiten boomender Aktienmärkte verschulden sich Anleger in diesen Währungen, wechseln das aufgenommene Geld in die Zielwährung und möchten z.B. aufgrund der positiven Zinsdifferenz zwischen niedrigen Sollzinsen in der Carry-Trade-Währung und höheren Habenzinsen bzw. steigenden Börsekursen in der Zielwährung profitieren. In den angesprochenen Boom-Zeiten führt der Verkauf der Carry-Trade-Währungen (die als Kredit aufgenommenen Dollar werden in Euro getauscht, d.h. verkauft) zu deren Abwertung, bei einer Auflösung der Carry-Trades in Krisenzeiten (Börsen-Crash, politische Unruhen ...) zu einer Aufwertung. Der US-Dollar zählt nur in Niedrigzinsphasen dazu und ist hier sehr schwierig zu beurteilen. Bei steigenden Zinssätzen im Dollar-Raum kommt es natürlich zur Auflösung der Carry-Trade-Positionen im Dollar – und über den damit verbundenen Kauf von Dollar (zur Rückführung des Kredits) zu einer Währungsaufwertung! Hierdurch kann die tendenzielle Aufwertung wegen Zinserhöhungen noch verstärkt werden.

Kaufkraftparitäten

Die wissenschaftlich anerkannte Theorie der Kaufkraftparitäten besagt, dass Währungen dann im Gleichgewicht sind, wenn die Güter der Währungsländer mit der gleichen Kaufkraft erworben werden können. Bei einem Währungskurs von 1,50 EUR/USD würde dies z.B. für den Kauf eines Autos zutreffen, welches in Europa 20.000 Euro und in Amerika 30.000 USD kosten würde.

Die Annäherung von Kaufkraftparitäten ist ein eher langfristiger Erklärungsansatz

Problematisch an dieser Theorie aber ist, dass die Waren meist nicht identisch sind (andere technische Normen, Zusatznutzen ...), mit unterschiedlich hohen Steuern und Abgaben belastet sind und die Hersteller bei der Preisbildung möglicherweise auch noch andere Ziele außerhalb einer einheitlichen Kalkulation (z.B. optisch günstiger Preis als Kaufanreiz) verfolgen.

Es gibt übrigens auch noch eine nicht ganz wissenschaftliche Methode, um zu prüfen, ob eine Währung tendenziell unterbewertet ist (dann drohen Aufwertungen): Ein international tätiger amerikanischer Fast-Food-Konzern bietet sein standardisiertes Hauptprodukt in fast allen Ländern dieser Erde an. Aufgrund des Verkaufspreises im jeweiligen Land und des Umrechnungskurses zum US-Dollar kann so errechnet werden, ob das Produkt dort billiger oder teuer ist als in den Vereinigten Staaten. Die – wie gesagt nicht wissenschaftliche – Theorie besagt jetzt, dass sich der Währungskurs so bewegen müsste, dass der Preis für dieses Produkt in beiden Ländern gleich ist.

Entwicklung Währungskurs EUR/USD von 1999 bis 2010

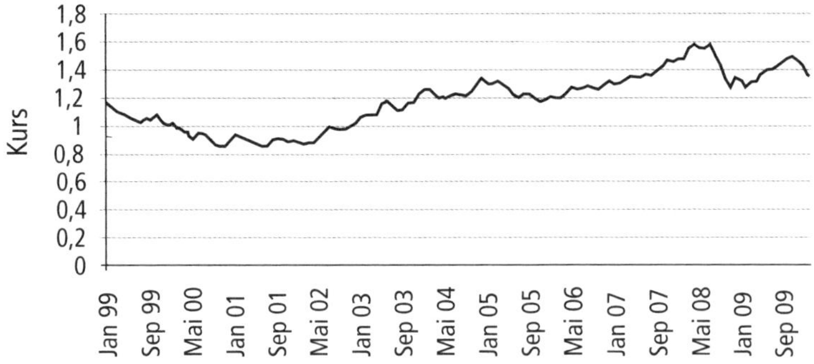

In unserer Grafik (► Seite 110) sieht man die Abwertung des Euro, d.h. auch Aufwertung des US-Dollar, im Jahr 2008. Hier machte sich die Funktion des Dollars als Sicherheitswährung während der Immobilien- und Bankenkrise bemerkbar.

Währung CHF

Der Schweizer Franken ist traditionell eine Niedrigzinswährung. Zum Euro beträgt der durchschnittliche Zinsunterschied im kurzfristigen Bereich (Geldmarkt unter einem Jahr) rund 1,5 bis 2,0 Prozent. Hierdurch ist der Franken eine natürliche „Carry-Trade-Währung". Dies gilt weltweit so, jedoch erst recht aufgrund der räumlichen Nähe für Österreich. Waren Franken-Kredite Anfang der 90er Jahre des letzten Jahrhunderts vorrangig in Vorarlberg bei Grenzgängern beliebt (die im übrigen kein Fremdwährungsrisiko haben, da ihre Einnahmen auch im Franken notieren), so waren laut Oesterreichischer Nationalbank im Jahr 2008 rund ein Drittel aller privaten Kredite im Schweizer Franken. Ergänzt um gewerbliche Fremdwährungskredite waren dies rund 50 Milliarden Euro.

In Krisenzeiten wertet der Schweizer Franken tendenziell auf

Der Schweizer Franken ist jedoch zusätzlich eine „Sicherheitswährung", wie auch der US-Dollar. Bei jeder internationalen Krise kommt es zu einer Aufwertung des Schweizer Franken und – nach Abflauen der Krise – wieder zu einer Abwertung. Das Wissen um diesen Umstand ist extrem wichtig beim Einsatz von einigen Sicherungsinstrumenten, welche Banken gerne Privatkunden anbieten.

In folgender Abbildung (auf Basis von Monatsdaten, ► Seite 112 oben) sieht man sehr schön verschiedene Einbrüche. Dies sind Abwertungen des Euro bzw. Aufwertungen des Franken. Schauen wir uns einige näher an, um ein besseres Verständnis für diese bei Österreichs Kreditnehmern so beliebte Währung zu erhalten (► Seite 112 Mitte).

Am 11. September 2001 verübte die El Kaida den Anschlag auf die Twin Towers in New York. Und sorgte damit für weltweite Angst, Unsicherheit und auch eine Aufwertung des Schweizer Franken. Diese dauerte rund anderthalb Jahre.

Auch die amerikanische Immobilienkrise mit den anschließenden Zusammenbrüchen vieler Banken (u.a. Lehman Brothers in Amerika) sowie

Entwicklung Devisenkurse EUR/CHF von 1999 bis 2010

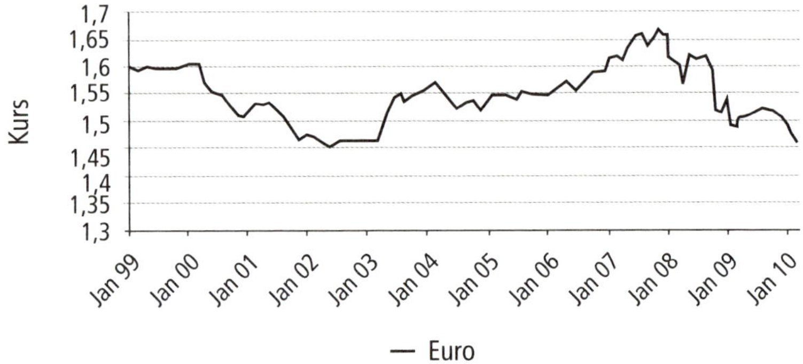

Wechselkurs EUR/CHF von 2001 bis 2003

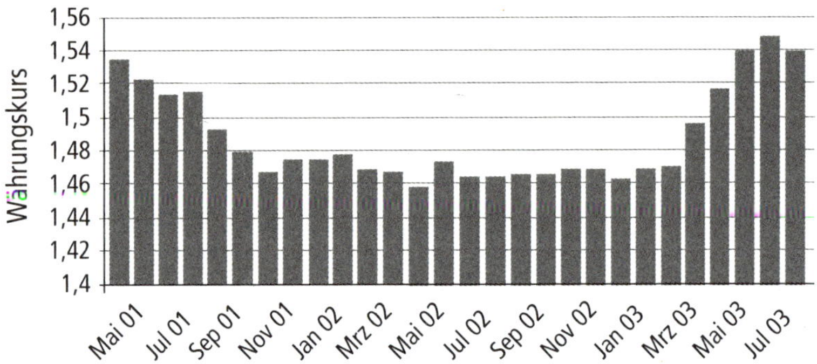

Wechselkurs EUR/CHF von 2007 bis 2009

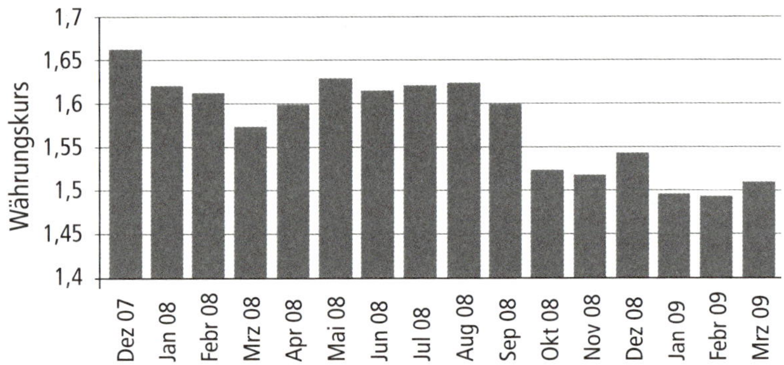

die Stützungsmaßnahmen der Zentralbanken führten zu weltweiter Verunsicherung – mit Auswirkung auch auf die Wechselkurse.

Es muss weiterhin darauf hingewiesen werden, dass die Notenbank der Schweiz (SNB) im Gegensatz zur Europäischen Zentralbank nicht ausschließlich der Geldwertstabilität verpflichtet ist. Dies führt dazu, dass die Schweizer Notenbank unter anderem mit

- Zinspolitik,
- verbalen Interventionen am Devisenmarkt und
- realen Interventionen am Devisenmarkt

Einfluss zu nehmen versucht auf die Entwicklung der Währung. Im Jahr 2009 z.B. war es ihr erklärtes Ziel, eine zu starke Aufwertung des Franken gegenüber dem Euro zu verhindern. Dies versuchte sie durch eine Zinspolitik nahe bei null Prozent, die Ankündigung von Deviseninterventionen bei einem Fall des Euro unter 1,50 sowie auch mit realen Interventionen. Begründet wurde dies mit einer Bekämpfung von Deflationsgefahren, möglicherweise ging es jedoch nur um eine höhere Wettbewerbsfähigkeit der Schweizer Wirtschaft.

Diese in 2009 beobachtbare Politik der Schweizer Notenbank ist in diesem Fall im Sinne der österreichischen Franken-Kreditnehmer, denn sie bedeutet niedrige Zinsen und einen einflussreichen Verbündeten gegen starke Aufwertungen des Franken. Das heißt aber nicht, dass die Schweizer Notenbank in Zukunft nicht auch einmal andere Ziele verfolgen und durchsetzen sollte. Hohe Inflationsraten in der Schweiz und eine florierende Wirtschaft könnten auch zu Zinserhöhungen und Aufwertungen der Währung Anlass bieten. In der Praxis wechselte die Schweizer Notenbank Ende 2009 ihre Interventionspolitik: statt „keine Aufwertung über 1,50 zulassen" hieß es jetzt „keine wesentliche Aufwertung über 1,50 zulassen". Der Markt bemerkte den kleinen Unterschied, wettete auf eine Aufwertung der Schweizer Währung, und es kam bis April 2010 zu einer Aufwertung auf rund 1,4480.

Bereits kleine Worte können gravierende Auswirkungen haben

Sie sehen an dieser Begebenheit sehr deutlich das Risiko, dass sich Marktdaten (Äußerungen der SNB) ändern können. Und diese Änderungen bekommen Privatleute später mit als die Devisenprofis im Handelssaal.

Währung JPY

Der japanische Yen ist geprägt durch die tiefe Rezession und auch Deflation (negative Preissteigerung) in Japan seit Beginn der 90er Jahre. Die Regierung bekämpft diese Deflation einerseits durch eine strikte Niedrigzinspolitik. Dadurch ist der Yen eine eindeutige „Carry-Trade-Währung". Andererseits versucht Japan über großvolumige Konjunkturprogramme die Wirtschaft wieder in Fahrt zu bringen. Dies bedeutet aber auch eine hohe Verschuldung des japanischen Staates.

Eine Rückführung von Carry-Trades führt zur Aufwertung der Währung

Die japanische Wirtschaft ist extrem exportorientiert, so dass die Währungsentwicklung des Yen auch für den Export und damit die Beschäftigung im Inland eine große Bedeutung hat. Eine Verschuldung von Kreditnehmern im Yen und die Anlage der Gelder in höher verzinslichen Ländern (oder der Bau eines Hauses in Österreich) führt über den Verkauf der Währung Yen zu einer Abwertung dieser Währung. Für die japanische Wirtschaft ist dies gut, da hierdurch die Wettbewerbsfähigkeit japanischer Betriebe im Export steigt. Eine Rückführung der Carry-Trades z.B. aufgrund von Börseneinbrüchen (die Anlage in der höherverzinslichen Währung ist jetzt mit höheren Risiken verbunden und wird von daher zurückgefahren) führt hingegen zu Aufwertungen des Yen.

Solange Japan in einer Depression und Deflation gefangen ist, ist die Gefahr von Zinserhöhungen in dieser Währung sehr gering. Jedoch ist der Yen extrem stark von Carry-Trades und damit von den internationalen Börsen und Anlageplätzen abhängig. Dies macht ihn zu einer kaum bis gar nicht kalkulierbaren Währung.

Kurs Euro/Yen von Mai 2008 bis April 2010

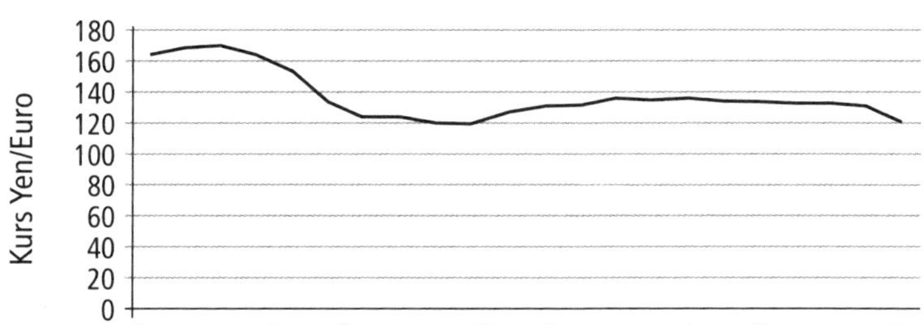

Im Schaubild (► Seite 114) sieht man für das Jahr 2008 sehr schön die Abwertung des Euro bzw. Aufwertung des Yen. Dies geschah parallel zu den Börseturbulenzen um die Insolvenz der US-Bank Lehman Brothers und der allgemeinen Unsicherheit. Als sich diese im März 2009 wieder legte, kam es auch wieder zu einer Aufwertung des Euro und Abwertung des Yen, ab Anfang 2010 mit den Sorgen um die Kreditwürdigkeit von Griechenland und Spanien erneut zu einer Abwertung des Euro und Aufwertung des Yen. Eben eine typische Carry-Trade-Währung! Und eine hochriskante Kreditwährung: die Abwertung des Euro von rund 170 auf 120 bedeutet einen Währungsverlust von 29 Prozent!

Absicherung der Währungsrisiken

Absicherung gegen Währungsrisiken bedeutet im Falle von Krediten immer die Absicherung gegen Aufwertungen dieser Währungen gegenüber dem Euro. Leider sind die Zusammenhänge und die Einflussfaktoren auf die Währungen wesentlich komplexer als bei den Zinsrisiken. Dies gilt nicht nur für den Laien in Währungsfragen, sondern auch für die Abteilungen Finanzen und Controlling in großen Industrie-Unternehmen. Einige sichern permanent das gesamte Währungsrisiko ab, andere verzichten hingegen komplett auf Absicherungen. Der Grund für beide Vorgehensweisen ist der gleiche: Die Währungsentwicklungen sind zumeist nicht im Vorhinein erwartbar, es kommt immer wieder zu Überraschungen. Ob die Kosten einer permanenten Absicherung hierbei größer oder kleiner sind als der Verzicht auf eben diese, ist zumeist Ansichtssache.

Es ist unsicher, ob die Kosten einer Absicherung niedriger sind als die der Währungsentwicklung

Das ist aber kein Grund, komplett auf jeden Gedanken und jede Analyse zu den Währungsrisiken zu verzichten. Denn erstens sind sie der Preis für einen Zinsvorteil – zumindest das Risikobewusstsein muss beim Kreditnehmer in Fremdwährung daher gegeben sein. Zum anderen gibt es am Markt vielfältige Angebote zur Währungsabsicherung. Diese sollte der interessierte Kreditnehmer kennen und ihre Wirkungsweise nebst möglichen Fallstricken einschätzen können. Denn möglicherweise kann auch der Verzicht auf eine vermeintliche zusätzliche Sicherheit ein Gewinn für den Kreditnehmer sein!

Break-even-Analyse

Vorweg: Die hier beschriebene „Break-even-Methode" ist kein eigentliches Verfahren zur Absicherung von Währungen gegen Kursverluste. Sie bietet jedoch eine sehr gute und einfach zu überschlagende Faustregel, wie viele Verluste in der Währung möglich wären, ohne im Gesamtgeschäft einen Verlust zu erleiden.

Der normale Kreditnehmer in Fremdwährung begeht fast immer einen schweren gedanklichen Fehler. Vor- und Nachteile seiner Entscheidung für eine Fremdfinanzierung werden separiert und nur für sich betrachtet. Das ist falsch. Die Vorteile in Form von niedrigeren Zinsen und die Nachteile in Form von möglichen Währungsverlusten hängen eng zusammen.

Das Risiko von Währungsverlusten ist der Preis, der für Zinsvorteile zu bezahlen ist

Anders ausgedrückt: Das Risiko von Währungsverlusten ist der Preis, der für die Zinsvorteile zu bezahlen ist. Und damit kann natürlich auch nicht der Zinsvorteil für Konsum ausgegeben oder als letzte Finanzierungsreserve für den Hausbau eingesetzt werden. Er sollte gedanklich für die (erwartbaren) Währungsverluste eingeplant werden. Die Abrechnung erfolgt dann erst zum Schluss mit der Rückzahlung bzw. Konvertierung des Darlehens.

Wie lautet die einfache Faustregel?

Zinsvorteil in Fremdwährung · Anzahl Jahre Kreditvertrag = akzeptabler Währungsverlust

In der Gesamtfinanzierung erleiden Sie also so lange keinen Verlust, wie der jahrelange Zinsvorteil in Summe höher ist als ein möglicher Währungsverlust. In Prozentrechnung sind dies: 1,5 Prozent Zinsvorteil · 20 Jahre Kreditlaufzeit = 30 Prozent Aufwertungsmöglichkeit für die Fremdwährung. Bei einem jährlichen Zinsvorteil von 1,5 Prozent und 20 Jahren Kreditlaufzeit könnte die Fremdwährung demnach um immerhin 30 Prozent aufwerten, und der Kreditnehmer würde im Vergleich zu einem Kredit in Euro kein Geld verlieren.

Dabei handelt es sich wohlgemerkt um eine Faustregel, die Ungenauigkeiten aufweist:

- Während der Laufzeit kommt es zu Zins- und Tilgungszahlungen mit unterschiedlichen Kursen.
- Bankspesen und Währungsspannen werden nicht berücksichtigt.
- Der Zinsvorteil ist nicht starr! Er kann zwischen Schweizer Franken und Euro 1,5 bis 2 Prozent betragen, in Zeiten niedriger Zinsen wie 2009/10 jedoch nur 0,5 Prozent.

Letzteres Problem lässt sich einengen, indem man sich von der EZB (Europäische Zentralbank) und der SNB (Schweizer Nationalbank) die Zeitreihen der Zinssätze für den gleichen Zinsfestlegungszeitraum (d.h. z.B. 3-Monats-Libor für den CHF und 3-Monats-Euribor für den Euro) besorgt, zu jedem Termin die Differenz bildet, die Differenzen aufaddiert und durch die Anzahl der Termine teilt:

Datum	3-Monats-Libor CHF	3-Monats-Euribor EUR	Differenz
02.02.2008	1,50	3,50	2
05.06.2008	2	3,80	1,80
07.08.2008	2,80	5,40	2,60
12.12.2008	3	4,20	1,20
05.05.2009	1,50	2,80	1,30
			8,90
		: Anzahl Termine	5
		Durchschnitts-Differenz	1,78

Hierbei handelt es sich nur um ein Beispiel zur Veranschaulichung, die Einzelwerte entstammen nicht der Realität.

Eine langjährige Betrachtung bedeutet, dass man nicht vorzeitig Verluste realisieren darf

Diese Faustregel ist natürlich nur dann aussagekräftig, wenn es nicht z.B. aufgrund einer Stop-loss-Order (► Seite 124) zu einer unkontrollierten Währungsumstellung kommt. Oder anders ausgedrückt: Wenn Sie aufgrund der Faustregel eine verlustfreie Aufwertungsmöglichkeit für die Fremdwährung innerhalb von 20 Jahren haben, macht es wenig Sinn, am Tag der Kreditunterzeichnung eine Stop-loss-Order mit einem Limit von 10 Prozent unterhalb des Einstiegspunktes zu vereinbaren.

Optionsscheine

Bei einem Optionsschein hat der Inhaber das Recht (aber nicht die Pflicht!), einen Basiswert zu einem im Vorhinein festgelegten Preis innerhalb einer bestimmten Frist zu kaufen (Kaufoptionsschein, Call-Optionsschein) oder zu verkaufen (Verkaufsoptionsschein, Put-Optionsschein). Der Käufer dieser Optionsscheine bezahlt beim Kauf eine Prämie und hat das Wahlrecht der Ausübung, der Verkäufer der Optionsscheine erhält die Prämie und hat die Pflicht zur Ausübung, sobald diese vom Käufer verlangt wird.

Eine Absicherung mit Optionsscheinen ist kompliziert

Für die Fragestellung der Absicherung von Währungsrisiken ist zuerst einmal zu klären, welche Art von Optionsschein der Kreditnehmer kaufen oder verkaufen muss. Er hat ja einen Kredit in Fremdwährung, im Folgenden als Schweizer Franken (CHF) angenommen. Diese muss er später zurückgeben (kaufen), sein hierfür erforderliches Geld hat der Kreditnehmer (zum Fälligkeitstag) in Euro. Er benötigt also das Recht, zu einem bestimmten Zeitpunkt den Kreditbetrag in Euro zu einem bestimmten Wechselkurs in CHF zu tauschen. Dies geschieht technisch über den Kauf eines Put-Optionsscheins auf den Währungskurs EUR/CHF.

Kaufen kann man den Optionsschein über die Börse. Über die Finanz-Informationsanbieter im Internet (Serviceteil ► Seite 175) gibt es eine große Auswahl an möglichen Optionsscheinen. Am Beispiel eines realen Optionsscheins sieht die Sache so aus:

EUR/CHF Put 1.56 2011/09 (DZ) (DZ013C)

Es handelt sich um einen Put-Optionsschein auf den Währungskurs EUR/CHF mit Basis 1,5600. Er wurde von der DZ-Bank emittiert (herausgegeben) und hat das Börsekürzel DZ013C. Die ISIN (International Securities Identification Number) lautet: EU0009654078. Was erfährt man von den Finanzdiensten weiters über diesen Optionsschein?

- Fälligkeit: 16.09.2011
- aktueller Kurs EUR/CHF: 1,4919
- Hebel: 13,93
- innerer Wert: 4,571 Euro
- Aufgeld: 2,61 %

- Aufgeld p.a.: 1,52 %
- Volatilität 30 Tage: 43,38 %

Und unter anderem gibt es folgende Voraussage auf die Wertentwicklung:

Basiswert vs. Optionsschein per Fälligkeit

Basiswert in CHF		OS	Performance
+10%	1,641	0	–100%
+7,5%	1,604	0	–100%
+5%	1,566	0	–100%
+2,5%	1,529	2,068	–71,243%
+1%	1,507	3,570	–50,351%
+/–0%	1,492	4,571	–36,423%
–1%	1,477	5,573	–22,495%
–2,5%	1,455	7,075	–1,603%
–5%	1,417	9,578	33,217%
–7,5%	1,380	12,082	68,038%
–10%	1,343	14,585	102,858%

Quelle: www.finanztreff.de

Die Darstellung der Wertentwicklung ist sehr hilfreich für das Verständnis

Zuerst zu dieser Tabelle: Der Optionsschein gewinnt dann an Wert, wenn der Euro gegenüber dem Schweizer Franken abwertet bzw. der Franken aufwertet. Dies ist für Sie als Kreditnehmer das Risiko, gegen das Sie sich absichern wollen. Sie sehen des weiteren, dass der Optionsschein auch an Wert verlieren kann: Steigt der Basiswert (Währungskurs) um nur 5 Prozent von heute 1,4919 auf 1,5660, dann ist der Optionsschein am Fälligkeitstag wertlos und muss als Verlust ausgebucht werden. Diese Kurssteigerung um 5 Prozent bedeutet jedoch eine Aufwertung des Euro um 5 Prozent gegenüber dem Franken, d.h. Sie müssen für die Rückzahlung des Frankenkredits 5 Prozent weniger Euro ausgeben. Hier ist der Verlust im Optionsschein kein Problem. Was aber ist, wenn sich das Währungsverhältnis zum Fälligkeitstag nicht geändert hat? Dann beträgt der Verlust nach obiger Tabelle 36,423 Prozent. Und dies ist der Preis, den Sie für Ihre Versicherung bezahlen müssen.

Ohne an dieser Stelle eine komplette Einführung in die Preisbildung von Optionen und Optionsscheinen bieten zu können, doch zumindest Folgendes hierzu. Der Preis eines Optionsscheins setzt sich aus mehreren Faktoren zusammen:

- Aus dem inneren Wert, d.h. der Differenz zwischen dem Basispreis des Optionsscheins und dem aktuellen Börsekurs. Ist dieser positiv, so handelt es sich um einen Optionsschein „im Geld", bei einem Wert von „0" „am Geld" und bei einem negativen Wert von „aus dem Geld".
- Aus dem Zeitwert, d.h. dem Zeitraum, in dem der Optionsschein noch gehandelt wird und entsprechend Chancen hat, in den Gewinn zu kommen. Je länger die verbleibende Handelszeit ist, desto höher ist der Zeitwert.
- Aus dem Volatilitätswert, d.h. dem Wert, der sich aus der Schwankungsintensität des Basiswertes ergibt. Je höher die Volatilität ist, desto höher ist dieser Aufschlag auf den inneren Wert.

Vor allem Zeitwert und Volatilitätswert führen zu einem Aufschlag auf den inneren Wert. In unserem obigen Beispiel wäre dieser 2,61 Prozent auf die Gesamtlaufzeit und auf das Jahr gerechnet 1,52 Prozent.

Der fachkundige Interessent für eine Absicherung von Wechselkursrisiken mittels Optionsscheinen sucht nun

- für eine bestimmte Laufzeit,
- für einen bestimmten Betrag (mögliches Handelsvolumen an der Börse ausreichend)

Die Psychologie hat wesentlichen Einfluss auf die Kosten dieser Absicherung

einen Put-Optionsschein auf den betreffenden Währungskurs, der möglichst genau „am Geld" oder nur wenig „im Geld" ist. Durch den Zeitwert kommt es immer zu einem gewissen Aufgeld, der Volatilitätswert hängt vom Marktgeschehen ab: Bei einem ruhigen Marktgeschehen ist die Volatilität und damit das Aufgeld gering, in stürmischen Zeiten beides hoch. Dies erinnert an die besprochene Psychologie der Absicherung bei Zinsen (► Seite 49). Die Absicherung gegen Risiken ist immer dann am teuersten, wenn jeder glaubt, dass sie benötigt wird.

Es ist dringend zu empfehlen, diese Art der Absicherung von Währungsrisiken nicht ohne guten fachlichen Beistand durchzuführen. Die möglichen Fehlerquellen sind einfach zu zahlreich, schon allein bei der Berechnung der richtigen Absicherungssummen. Diese entsprechen aufgrund des Hebels nämlich gerade nicht der abzusichernden Kreditsumme.

Optionsscheine (Knock-out)

„Knock-out" – preisgünstiger bei gleicher Leistung?

Ein Knock-out-Optionsschein bietet im Vergleich zu normalen Optionsscheinen die Möglichkeit einer preisgünstigeren Absicherung. Von einigen Banken wurden und werden sie daher auch zur Absicherung von Währungsschwankungen angeboten. Ob aber ein preislich „billigeres" Produkt akzeptable und preiswerte Leistungen bietet? Wiederum ein Beispiel aus der Praxis: Dieses stammt zwar von Ende 2007, verdeutlicht aber deutlich die Funktionsweise.

Praxis-Beispiel

- Währung .... CHF
- Volumen .... muss durch 1.000 CHF teilbar sein
- Tilgung .... entfällt
- Laufzeit .... 10 Jahre
- Preis für Optionsschein .... 5,4 %, d.h. 54 CHF pro Stück
- Knock-out-Schwelle 1,4275
- Art Optionsschein .... European Style (nur zur Fälligkeit) Put-Optionsschein

Referenzdaten aktuell

- Kurs EUR/CHF 1,60

Ende 2007 war der Währungskurs zwischen Euro und Schweizer Franken bei 1,60. Da jede Aufwertung des CHF zu einem Verlust aus der Währung führt, wurde dieser Kurs durch den Kauf eines Put-Optionsscheins abgesichert. Aus der Absicherung und der eingebauten Knock-out-Schwelle ergeben sich folgende drei Szenarien:

Szenario A. Der EUR/CHF-Kurs liegt am Laufzeitende über oder auf 1,60. Die Absicherung wird nicht benötigt und verfällt wertlos.

Szenario B. Der EUR/CHF-Kurs liegt am Laufzeitenende zwischen der Knock-out-Schwelle und dem Absicherungskurs, d.h. über 1,4275 und unterhalb von 1,60. Hier erhält der Kunde von der Bank (seinem Vertragspartner) den Gegenwert ausgezahlt. Dieser gleicht seinen Währungsverlust aus.

Szenario C. Am Laufzeitenende liegt der Wechselkurs EUR/CHF auf oder unterhalb der Knock-out-Schwelle von 1,4275. In diesem Fall verfällt der Optionsschein wertlos.

Kursentwicklung EUR/CHF und Knock-out-Schwelle

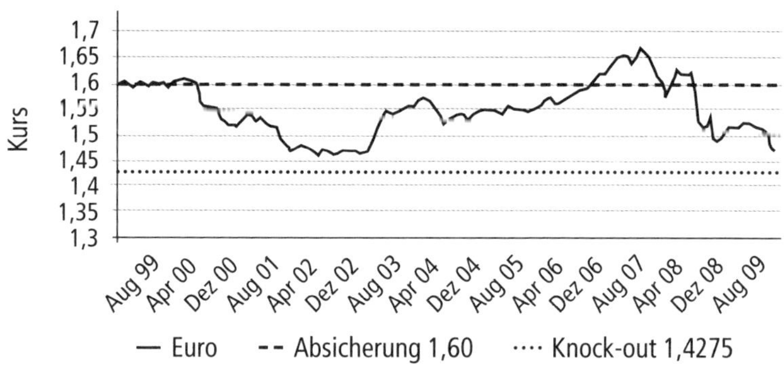

Eine oberflächliche Betrachtung kann einen falschen Eindruck schaffen

Dieser Optionsschein aus der Praxis hat den Vorteil einer Laufzeit von beachtlichen 10 Jahren. Auf den ersten Blick erscheint der Kaufpreis des Optionsscheins in Höhe von 5,4 Prozent für 10 Jahre, d.h. 0,54 Prozent pro Jahr nicht hoch. In jedem Fall liegen die Absicherungskosten deutlich unterhalb unter der normalerweise beobachtbaren Zinsdifferenz zwischen dem 3-Monats-Libor für Zinsen im Franken und dem 3-Monats-Euribor für Zinsen im Euro-Raum. Diese Differenz beträgt üblicherweise rund 1,5 bis 2,0 Prozent. Nach Abzug der Währungsrisiko-Absicherung verbliebe dem Kreditnehmer so ein Zinsvorteil von rund 1,0 bis 1,5 Prozent.

Allerdings ist die Produktanalyse noch nicht abgeschlossen, es fehlt noch der Blick auf die Absicherung:

	Kurs	Prozent
Absicherungsniveau	1,6000	100%
Knock-out-Schwelle	1,4275	89,22%
Absicherung maximal	0,1725	10,78%

Da die Knock-out-Schwelle die Absicherung begrenzt, steht hiermit die maximale Absicherung fest. Diese beträgt 10,78 Prozent während der gesamten Laufzeit von 10 Jahren. Dies lässt eine durchschnittliche Aufwertung des Schweizer Franken von rund einem Prozent pro Jahr zu. Dies ist nicht sehr viel!

Von dem versicherten Währungsrisiko in Höhe von maximal 10,74 Prozent sind über den Kaufpreis von 5,4 Prozent gut die Hälfte bezahlt. Es ist sehr unwahrscheinlich, dass man über die Absicherung den maximalen Absicherungsbetrag erhält. Dafür müsste der Währungskurs nach 10 Jahren exakt 1,4276 (ab 1,4275 verfällt der Schein) betragen. Wesentlich wahrscheinlicher ist ein anderer Kurs. Die Versicherungsleistung würde dann weniger als die 10,78 Prozent betragen. Aus der Relation zwischen Kaufpreis (Versicherungsprämie) und erwarteter Versicherungsleistung ergibt sich ein sehr hoher Preis für diese Absicherung!

Wie bereits ausgeführt, verfällt der Optionsschein wertlos, sofern am Laufzeitende die Knock-out-Schwelle von 1,4275 erreicht oder unterschritten wird. Und hier liegt das eigentliche Problem dieses Produktes. Eigentlich benötigt man eine Versicherung nicht für die kleinen, sondern vielmehr für die großen und existentiellen Schäden. Genau das wird hier aber nicht geboten, denn ab einer bestimmten Schadenshöhe ist die Versicherung nicht mehr existent.

Eine Versicherung muss immer die großen Schäden abdecken, die kleinen kann man selbst tragen

Auf den Fall einer Kfz-Haftpflichtversicherung übertragen bedeutet dies, dass Sie 500 Euro Versicherungsprämie bezahlen und die Versicherung Schäden bis zu 1.000 Euro abdeckt. Beträgt der Schaden jedoch genau oder über 1.000 Euro, erhalten Sie von der Versicherung keinen Cent!

Knock-out-Optionsscheine erfüllen die Anforderungen an eine sinnvolle Absicherung gegen Währungsrisiken nicht.

Stop-loss-Order

Ein Stop-loss-Limit soll die Verluste begrenzen. Im Falle eines Kredits in Fremdwährung entsteht ein Verlust immer dann, wenn die Währung aufwertet. Ab einer bestimmten Aufwertung (ausgedrückt im Kurs zwischen den betroffenen Währungen) soll also verhindert werden, dass weitere Verluste entstehen. Die „Stop-loss-Order" ist von der Funktionsweise ein „bestens"-Verkaufsauftrag (zu deutsch: „mit dem nächsten Kurs"), der erst dann ausgeführt wird, wenn ein bestimmter Kurs unterhalb des Einstiegskurses (es ist ein Verlust entstanden) erreicht wird. Eingeführt wurde die „Stop-loss-Order" zuerst im Aktienhandel, um zu verhindern, dass zumeist Privatanleger Verluste nicht realisieren und bei stark fallenden Aktien sehr hohe (weitere!) Verluste erleiden. Es handelt sich hiermit um einen Automatismus, der ohne Beratung und ohne Analyse der Situation ausgeführt wird. Und in einigen Situationen ist ein „Ende mit Schrecken statt eines Schreckens ohne Ende" auch sinnvoller. Aber immer? Und gilt dies auch für den Währungsbereich?

Ein „Stop-loss-Limit" ist eine „bestens"-Verkaufsorder

Schauen wir uns die grundsätzliche Wirkungsweise einer Stop-loss-Order einmal bei einer hypothetischen Entwicklung des Wechselkurses zwischen CHF und Euro an. In jedem der drei Beispiele liegt hierbei der Stop-loss-Kurs bei 1,60. Wird also zu irgendeinem Zeitpunkt der Kurs von 1,60 gebildet oder ein schlechterer Kurs (d.h. in Richtung 1,50), so wird die bisher „schlafende" Stop-loss-Order aktiviert und zu einer Verkaufsorder zum nächsten Kurs.

Beispiel 1. Idealtypischer Verlauf

In diesem erwünschten Fall kommt es nach dem Auslösen der Stop-loss-Order zu einem relativ nahen nächsten Kurs: 1,58. Ihre Order würde also zu 1,58 ausgeführt und damit Ihr CHF-Kredit mit diesem Wechselkurs in Euro übertragen. Im idealtypischen Fall kommt es anschließend zu weiteren Kursverlusten (hier: weitere Aufwertung des Franken), an welcher Sie als Kreditnehmer aufgrund der Stop-loss-Order nicht mehr teilnehmen.

Und genau diesen idealtypischen Verlauf haben die Bankberater im Kopf, wenn sie Stop-loss-Order empfehlen.

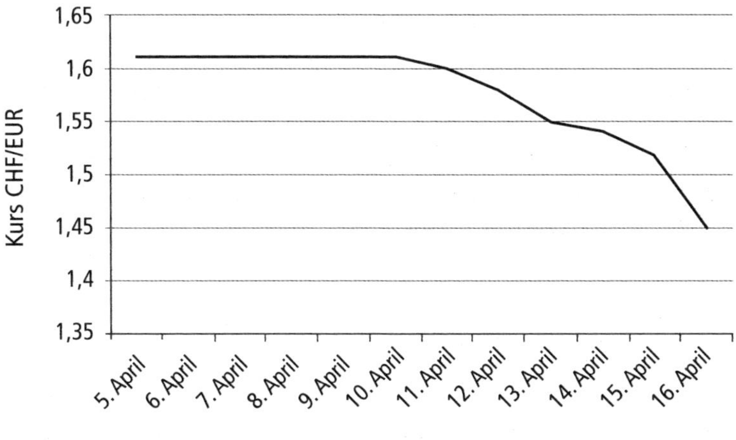

Wirkung von Stop-loss-Limits: idealtypischer Verlauf

Beispiel 2. Sonderfall ohne Auswirkung

Beim Beispiel 2 kommt es unmittelbar nach dem Auslösen der Stop-loss-Order zu einem markanten Kursverlust. Der nächste Kurs wird hier erst mit deutlichem Abstand bei 1,45 gebildet und unser Kredit zu diesem sehr ungünstigen Kurs getauscht. Da jedoch auch die folgenden Kurse auf diesem Niveau gebildet werden, ist Ihnen durch den tiefen Kurssturz kein weiterer Schaden entstanden.

Es gibt nicht nur den idealtypischen und damit erhofften Kursverlauf

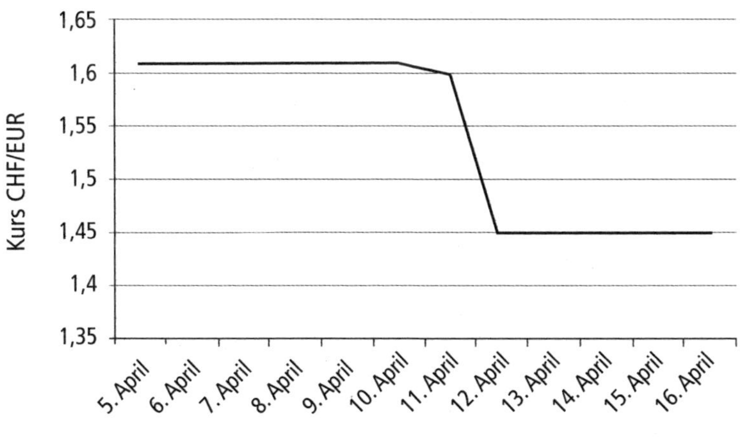

Wirkung von Stop-loss-Limits: Sonderfall ohne Auswirkung

Eklatante Kursstürze (des Euros, was einer starken Aufwertung der anderen Währung entspricht) kommen im Währungsbereich tendenziell eher bei kleinen und damit nicht liquiden Währungen vor. Jedoch bedarf es auch hier eines besonderen Ereignisses und möglicherweise zusätzlicher Faktoren wie eines eingeschränkten Handels aufgrund von Feiertagen an einigen wichtigen Handelsplätzen. Aber auch das Vorhandensein von vielen und auch hochvolumigen Stop-loss-Orders auf einem Kurs kann für starke Währungsschwankungen mit verantwortlich sein.

Beispiel 3. Der ungewollte Fall

Der „ungewollte Fall" führt zu hohen Verlusten für den Kreditnehmer

Bei dem ungewollten Fall kommt es zu zwei gegenläufigen Kursbewegungen im Zeitablauf. Mit der ersten Bewegung wertet die Fremdwährung auf und berührt das Stop-loss-Limit – es kommt zur Umstellung des CHF-Kredits in einen Euro-Kredit zum nächsten und sehr ungünstigen Kurs. Anschließend wertet die Fremdwährung wieder stark ab und erreicht in unserem (extremen) Beispielfall bereits am nächsten Tag das Ausgangsniveau. Nur ohne Sie als Franken-Kreditnehmer, denn Sie sind ja beim ungünstigen Fall ausgestiegen. Dieser Beispielfall ist übrigens nicht theoretischer Natur. Im Frühjahr 2009 trat er so in der Realität auf – zum Leidwesen vieler Kreditnehmer mit einer Stop-loss-Order.

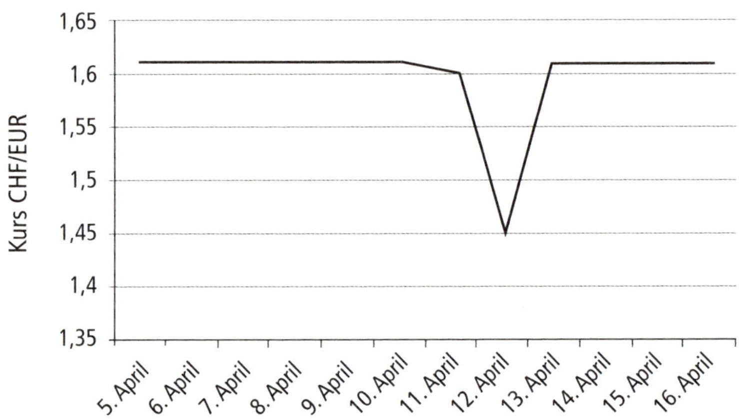

Wirkung von Stop-loss-Limits: der ungewollte Fall

Verschiedene Male wurde die Empfehlung von Stop-loss-Ordern im Währungsbereich damit begründet, der Kreditnehmer könne ja später erneut zu einem günstigeren Kurs in die Währung einsteigen. Dies aber gilt nur für den Fall aus Beispiel 1. Nur, wer weiß im Vorhinein, welcher Fall möglicherweise in der Zukunft eintrifft?

Zumindest einige Überlegungen zur Währung und zur aktuellen Währungssituation sollte man jedoch anstellen. So handelt es sich beim genannten Schweizer Franken um eine sogenannte „Krisen- und Sicherheitswährung". In Zeiten großer politischer (11.09.2001 in New York) oder wirtschaftlicher Unruhe (Insolvenz von Lehman Brothers) werden immense Gelder in Länder und Währungen transferiert, die den Investoren sicher(er) erscheinen. Dies führt über die zusätzliche Nachfrage nach der Währung zu einer tendenziellen Aufwertung. Und auch die sogenannten Carry-Trades spielen eine Rolle: In unruhigen Zeiten werden diese aufgelöst, d.h. es wird in diesem Fall der Schweizer Franken gekauft, um die auf Franken lautenden Kredite abzulösen. Auch dies führt zur Aufwertung des Franken. Die Vergangenheit zeigt jedoch, dass diese Tendenzen nur vorübergehender Natur sind: Mit dem Rückgang der Unsicherheit und Unruhe drehen sich die Zahlungsströme wieder um und es kommt zur Abwertung des Schweizer Franken.

Bei Währungsfragen ist das „Stop-loss-Limit" sehr problematisch

Aus diesem Grund ist im Währungsbereich von der Vereinbarung der Stop-loss-Order dringend abzuraten! Das Problem liegt in der ausschließlich automatischen Ausführung – ohne einen Augenblick Zeit, um die Ursachen der Aufwertung zu klären. Diese Zeit aber sollte man sich nehmen. Übrigens nicht erst im Krisenfall, sondern immer und immer wieder, insbesondere aber vor dem Abschluss eines Kreditvertrages in Fremdwährung.

Und wenn es einmal zu Verlusten in der Währung kommt? Dann ist dringend ein Blick auf die „Break-even-Analyse" (► Seite 115) angesagt!

Währung-Bonus-Forward

Die Fremdwährung des Kredits hat eine bisherige Schwächephase hinter sich gelassen und ist in den letzten Wochen bzw. Monaten fester geworden. Der Währung-Bonus-Forward ist laut den Versprechungen der Banken jetzt möglicherweise eine Möglichkeit, „mit ein wenig Glück"

Praxis-Beispiel

- Währung ....US-Dollar
- Volumen...ab 250.000 Euro
- Tilgung..entfällt
- Laufzeit ....3 Monate
- 100 % Sicherungskurs 1,3400
- Barriere 1,2950
- Barriere = Bonusstrike bei 1,4000

Referenzdaten aktuell
- aktueller Interbanken-Kassakurs.....................1,3600
- aktueller Kunden-Terminkurs..........................1,3750

Ohne Prämienkosten und mit 100 Prozent Sicherheit – ist dies realistisch?

einen merklich besseren Fremdwährungskurs zu erzielen als mit einem klassischen Devisentermingeschäft. Dies natürlich ohne Prämienkosten und mit 100%igem Sicherheitsnetz.

Bei einem klassischen Devisentermingeschäft könnten Sie sich also heute einen USD-Kurs von 1,3750 für einen Erfüllungstag in drei Monaten sichern. Ein direkter Wechsel von Euro in USD wäre unter Banken hingegen aktuell nur zu 1,3600 möglich. Ein Kundenkurs würde wahrscheinlich in der Größenordnung von 1,3400 bis 1,3500 liegen.

Währung-Bonus-Forward auf den US-Dollar

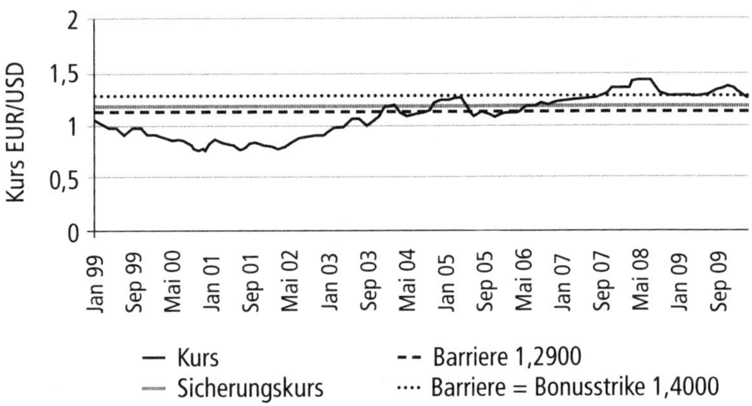

Der Währung-Bonus-Forward in unserem Praxisfall beinhaltet jetzt zwei Szenarien:

Szenario 1. Der EUR/USD-Kurs bleibt während der gesamten Laufzeit von drei Monaten in der Bandbreite zwischen der Barriere bei 1,2950 und der oberen Barriere bei 1,4000. In diesem Fall wechseln Sie am Abrechnungstag in drei Monaten zum Bonusstrike bei 1,4000 in den US-Dollar. Ihr Vorteil gegenüber dem klassischen Devisentermingeschäft beträgt (1,40000 – 1,3750) : 1,3750 = 0,0182, d.h. 1,82 Prozent.

Szenario 2. Der EUR/USD-Kurs hat die definierte Bandbreite verlassen. In diesem Fall kaufen Sie den USD zum Fälligkeitstag zu 1,34000. Auch hier rechnen wir wieder: (1,3750 – 1,3400) : 1,3750 = 0,0255, d.h. 2,55 Prozent.

Mit etwas Prozentrechnung erschließen sich Chancen und Risiken

Das hier dargestellte Produkt beinhaltet damit eine Gewinnchance von 1,82 Prozent bei einem gleichzeitigen Verlustrisiko von 2,55 Prozent. Wie hoch die Chancen sind, in den nächsten drei Monaten innerhalb der Bandbreite zu bleiben, kann ihnen niemand prognostizieren. Jedoch war der US-Dollar in der vorangegangenen Zeit sehr schwankungsintentiv (volatil) und hat von über 1,50 auf 1,36 aufgewertet. Dies ist eine Aufwertung von 9,3 Prozent [(1,50 – 1,36) : 1,50]. Da ist eine Gegenbewegung von rund 2,9 Prozent auf 1,40 [(1,36 – 1,49) : 1,36] sehr leicht möglich.

Problematisch für den Normalverbraucher ist insbesondere:

- Die Laufzeit von nur drei Monaten ist als Absicherung für langfristige Hauskredite nicht sinnvoll.
- Dieses komplexe Produkt erschließt sich dem Interessenten in seinen realen Chancen und Risiken nur durch viel Prozentrechnung. Denn diese Berechnungen liefert Produktanbieter natürlich nicht mit. Aber immerhin einen Tipp: Die Formulierung „mit ein wenig Glück" zeigt auf, dass dieses Produkt für den Kunden durchaus einen Wettcharakter hat.

Währungs-Futures

Futures sind unbedingte Termingeschäfte zwischen zwei Parteien. Sie beinhalten die feste Verpflichtung,

- einen Basiswert (das „Underlying", beim Währungs-Future eine Währung)
- in einer bestimmten Menge (Kontraktgröße)
- zu einem bestimmten Zeitpunkt (Erfüllungstermin)
- zu einem im Voraus bestimmten Preis
- abzunehmen (sogenannter Long-Future) oder zu liefern (sogenannter Short-Future).

Wichtig ist, dass es nicht zu einer Bezahlung der Kontraktgröße kommt. Vielmehr werden die jeweiligen Future-Positionen bewertet, und es kommt zum Barausgleich des jeweiligen Gewinns bzw. Verlustes. Die Geschäftspartner müssen für das Verlustrisiko eine Sicherheitsleistung in Geld erbringen.

Futures sind sehr kompliziert und sehr riskant

Futures auf Währungen werden an der Chicago Mercantile Exchange (CME) gehandelt. Die an der CME gehandelten Currency Futures werden hierbei als „Preis der ausländischen Währung in US-Dollar" notiert. Der Kontrakt auf den Wechselkurs zwischen Euro und US-Dollar hat einen Kontraktwert von 125.000 Euro. Er verändert sich jeweils um einen Tick (0,0001 US-Dollar pro Euro), was einem Wert von 12,50 US-Dollar pro Tick auf den Kontrakt ausmacht.

Einmal angenommen, Ihr in Dollar notierender Kredit in Höhe von 335.000 Dollar würde in zwei Monaten fällig. Bei einem Währungskurs von 1,3264 entspricht dies etwas mehr als 250.000 Euro (genau: 252.563,33 Euro), d.h. zwei Währungs-Kontrakten. Der Kreditnehmer will sich jetzt gegen eine Aufwertung des Dollar gegenüber dem Euro absichern. Hierfür muss er die zwei Kontrakte verkaufen mit einem Preis von oder nahe bei dem aktuellen Kurs von 1,3264 EUR/USD. Bei einer vollständigen Absicherung (Gegenwert der Kontrakte entspricht der Kreditsumme, Ausübungspreis ist gleich aktueller Währungskurs, Laufzeit von Kredit und Future stimmen überein) kommt es nun zu gegenläufigen Gewinnen bzw. Verlusten bei Kredit und Währungs-Future:

	Aufwertung Dollar	Abwertung Dollar
Kredit in Dollar	Währungsverlust	Währungsgewinn
Währungs-Future	Kursgewinn	Kursverlust
Ergebnis	**Verlust = Gewinn**	**Verlust = Gewinn**

Im Ergebnis aus Kredit und Währungs-Future kommt es im Falle einer vollständigen Sicherung zu einem „Schließen der Risikoposition". Gewinne und Verluste gleichen einander aus, d.h. der Kreditnehmer profitiert nicht mehr von Abwertungen der Fremdwährung, ist aber auch von den Risiken der Aufwertung der Fremdwährung nicht mehr betroffen.

Was in der Theorie gut klingt, ist in der Praxis für einen privaten (kleinen) Kreditnehmer nicht handhabbar. Dafür ist die Materie zu komplex und das Risiko zu hoch. Dies liegt vor allem an der im Normalfall nicht vollständig möglichen Absicherung:

Kredithöhe und Kontraktgröße. Beide stimmen in der Regel nicht überein. Hierdurch kommt es zu einer Unter- oder Übersicherung mit den entsprechenden Risiken.

Zukünftiger Preis und aktueller Währungskurs. Auch hier wird es immer Unterschiede geben. Dieses Problem ist allerdings nicht sehr bedeutend, da es ja gerade im Dollar laufend neue Kurse gibt, d.h. eine Übereinstimmung wird bereits von daher kaum möglich sein.

Laufzeit von Kredit und Future. Dies ist das eigentliche Problem. Der Kredit wird zumeist noch viele Jahre laufen, der Future hingegen hat immer eine sehr kurze Laufzeit. Das Problem der unterschiedlichen Laufzeit tritt jetzt nicht bei der befürchteten Aufwertung des US-Dollars auf: Hier kommt es zu einem Verlust im Kredit, während der Währungs-Future mit Gewinn verkauft wird. Das Problem ist vielmehr, wenn es zu einer Abwertung des Dollar kommt, d.h. zu einem Kursverlust im Währungs-Future! Diesen Verlust muss der Kreditnehmer unverzüglich ausgleichen (über zum Teil tägliche Differenzzahlungen, spätestens jedoch bei Fälligkeit des Future), während er die Gewinne im Fremdwährungskredit zumeist nicht realisieren will. Dies liegt an den niedrigeren Zinsen, deretwegen ja der Kredit in Fremdwährung abgeschlossen wurde.

Die beim Future vorkommenden Ausgleichszahlungen sprengen jedes normale Haushaltsbudget

Gerade aus dem Problem des letzten Punktes kommt eine Absicherung eines Fremdwährungskredits mittels Währungs-Future nur dann in Betracht, wenn es um eine Währungsabsicherung zum Laufzeitende geht. Aber auch hier ist für den Fall der ungünstigen Währungsentwicklung mit der Bank sicherzustellen, dass die täglichen Differenzzahlungen bis zum Kreditende notfalls gestundet werden.

Diese Form der Währungs-Absicherung sollte nie ohne die Einschaltung von Profis erfolgen!

Währungs-Kaufmodell

Ein komplexes Produkt ohne Prämienzahlung: Was wird der Preis sein?

Sehr komplex, aber möglicherweise nicht uninteressant ist die Kombination mehrerer Optionen, um sich im Gesamtergebnis einen bestimmten Währungskurs zu sichern. Schauen wir uns dies einmal beim sogenannten Währungs-Kaufmodell an. Die Situation zum Zeitpunkt des Angebotes:

- der US-Dollar hatte ursprünglich bis 1,25 aufgewertet
- der US-Dollar hatte dann wieder bis auf 1,46 abgewertet
- Ziel sollte es sein, sich gegen eine erneute Aufwertung abzusichern und zumindest in gewissen Grenzen von einer weiteren Abwertung des Dollars zu profitieren
- die Absicherung sollte ohne Prämienzahlung erfolgen

Praxis-Beispiel

- Währung .... US-Dollar
- Volumen .... ab 200.000 Euro
- Tilgung entfällt
- Laufzeit 12 Monate
- 100 % Sicherungskurs 1,4000
- Gewinnpotential bis zu Kurs 1,6500

- Referenzdaten aktuell
- EUR/USD-Kassakurs 1,4600
- EUR/USD-Terminkurs 12 Mon. 1,4550

Die Bank führt hier für den Kreditnehmer durch:

- Kauf einer „EUR Put/USD Call Option" mit Basis von 1,4000 (100%-Sicherungskurs)
- Verkauf eines „EUR Call/USD Put Option" mit Basis von 1,4000 und einem Knock-in bei 1,6500.

Mit dem Verkaufserlös der zweiten Option wird der Kaufpreis der ersten Option bezahlt, ebenso die Bank. Hierdurch kommt es von der Idee her zu einer prämienneutralen, wenn auch nicht 100prozentigen Absicherung.

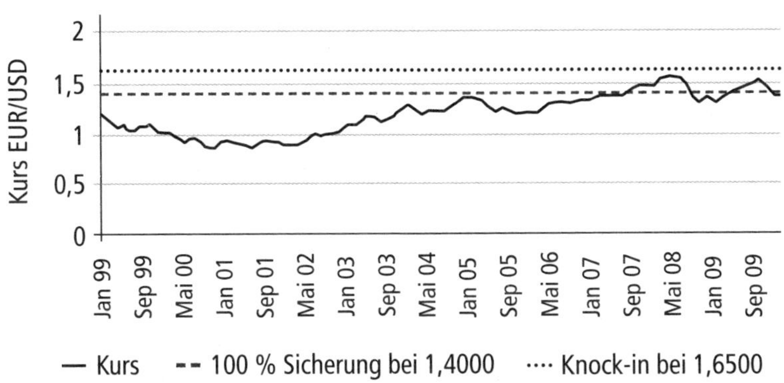

Entwicklung des Dollarkurses 1999 – 2010 mit Sicherung und Knock-in

Als Ergebnis dieser beiden Optionen entsteht eine 100%ige Absicherung bei einem Kurs von 1,4000. Dies ist natürlich etwas unter dem aktuellen Kurs bei Geschäftsabschluss von 1,46000 und würde einen Verlust von rund 4 Prozent bedeuten [(1,4600 – 1,4000) : 1,4600 = 0,041]. Eine weitere Aufwertung des Dollars (wie in den ersten Monaten 2010 zu sehen) hätte jedoch für den Kreditnehmer keine wirtschaftlichen Folgen. Zugleich würde der Kreditnehmer von Abwertungen des Dollars bis hin zu 1,6500 teilhaben. Dies ist ein Gewinnpotential von rund 13 Prozent [(1,6500 – 1,4600) : 1,4600 = 0,130]. Wichtig ist dann der Knock-in bei 1,65000. Hierdurch wird der verkaufte Put aktiviert, und unser Vertragspartner wird auf seinem Recht der Abwicklung bei 1,4000 bestehen.

Der mögliche Verlust ist der Preis, der für diese Absicherung zu bezahlen ist

Das Ganze noch in Szenarien-Form:

Szenario 1

- EUR/USD-Kurs ist am Fälligkeitstag bei unter 1,4000
- Ergebnis: die Abrechnung erfolgt bei Sicherung von 1,4000

Szenario 2

- EUR/USD-Kurs ist am Fälligkeitstag bei > 1,4000 und 1,6500 wurde während der Laufzeit (!) nie erreicht oder überschritten
- Ergebnis: die Abrechnung erfolgt zu aktuellem Kurs (> 1,4000 und < 1,6500)

Szenario 3

- EUR/USD-Kurs ist am Fälligkeitstag bei > 1,4000 und 1,6500 wurde während der Laufzeit zumindest einmal berührt / überschritten
- Ergebnis: die Abrechnung erfolgt bei Sicherung von 1,4000

Wetten gegen Geschäftspartner mit mehr Marktkenntnis sind immer „problematisch"

Je nach eigener Einschätzung zur zukünftigen Währungsentwicklung (Abwertung der Fremdwährung, jedoch nicht über eine bestimmte Grenze hinaus) kann dieses Produktangebot durchaus interessant sein. Wesentlich ist, dass sich der Interessent über das gewisse Verlustpotential von hier 4 Prozent im Klaren ist und sich auch verdeutlicht, dass die Vereinbarung des Knock-in bei hier 1,6500 immer auch einen gewissen Wettcharakter hat. Allerdings sind Ihre Wettpartner zumeist hochqualifizierte Mitarbeiter von Bankabteilungen, die Ihnen gegenüber einen Informationsvorsprung haben.

Währungs-Swaps

Auch Währungs-Swaps sind kaum zur Absicherung von privaten Krediten in Fremdwährung geeignet. In der Praxis werden sie dann eingesetzt, wenn zugleich ein Zinsvorteil aufgrund einer besseren Bonität zwischen

Konzernunternehmen genutzt werden soll. Zur Vollständigkeit dieser Zusammenstellung von Absicherungsmöglichkeiten jedoch zumindest eine Einführung in dieses Instrument.

Bei Währungs-Swaps werden die zukünftigen Zahlungsströme zwischen zwei Vertragspartnern ausgetauscht. Der Austausch erfolgt jedoch im Gegensatz zu den bereits besprochenen Zinsswaps in unterschiedlichen Währungen unter Nutzung des komparativen Vorteils des Vertragspartners. Dies bedeutet, dass nicht nur die Währung, sondern auch der Zinssatz (komparativer Vorteil) getauscht wird. Zumindest für die Laufzeit des Swaps befindet sich der Kreditnehmer jetzt also nicht mehr im US-Dollar mit niedrigen US-Dollar-Zinsen, sondern im Euro-Raum mit Euro-Zinsen.

Währungs-Swaps kommen aus dem Konzernbereich von Unternehmen, nicht aus dem Hauskredit-Bereich

Bei der Nutzung von Währungs-Swaps im Konzernbereich erlangt das Unternehmen einen besseren Zinssatz für das Tochter-Unternehmen durch die bessere Kredit-Bonität der Konzernmutter. Dieser Fall aber liegt bei privaten Kreditnehmern nicht vor. Und wenn Ihnen jemand Währungs-Swaps als gute Absicherungsmöglichkeit für Hauskredite in Fremdwährung nennt, sollten Sie zumindest eines machen: Vergleichen Sie die Kosten des Swap mit denen eines Währungswechsels (hin und zurück). Diese werden sich nicht wesentlich unterscheiden. Und dann wählen Sie den einfachen und nicht den komplexen Weg: Schützen Sie sich vor den erwarteten Währungsverlusten durch einen jetzigen Währungswechsel in den Euro. Und zum Ende der Swap-Laufzeit (oder auch davor oder danach) können Sie dann selbst entscheiden, ob Sie die Währungsgefahren jetzt so gering einschätzen, dass Sie wieder in die Niedrigzinswährung gehen wollen. Immer vorausgesetzt natürlich, dass Fremdwährungskredite wieder frei zugänglich wären. Aber vielleicht erscheinen Ihnen die Gefahren bei Fremdwährungskrediten inzwischen auch so hoch, dass Sie dann lieber im Euro-Raum bleiben?!

Auf eine weitere Gefahr bei Währungs-Swaps ist auch noch hinzuweisen: Sie befinden sich hier zumeist in der variablen, d.h. kurzfristigen Verzinsung. Und diese kann während der Laufzeit des Währungs-Swaps ansteigen, während Sie aus dem Swap jedoch nicht aussteigen können. Hier sollten Sie eine klare und fundierte Meinung sowohl zur Währung als auch zur Zinsentwicklung haben. Sie haben aber auch die Möglichkeit, das bereits komplexe Produkt um den Umstand zu erweitern, dass Sie von kurzfristigen variablen Dollar-Zinsen in eine Festzinsvereinbarung im Euro-Raum wechseln. Hier käme also produktmäßig noch der bereits besprochene Zinsswap (► Seite 83) hinzu, was das Verstehen des Produktes jedoch nicht erleichtert.

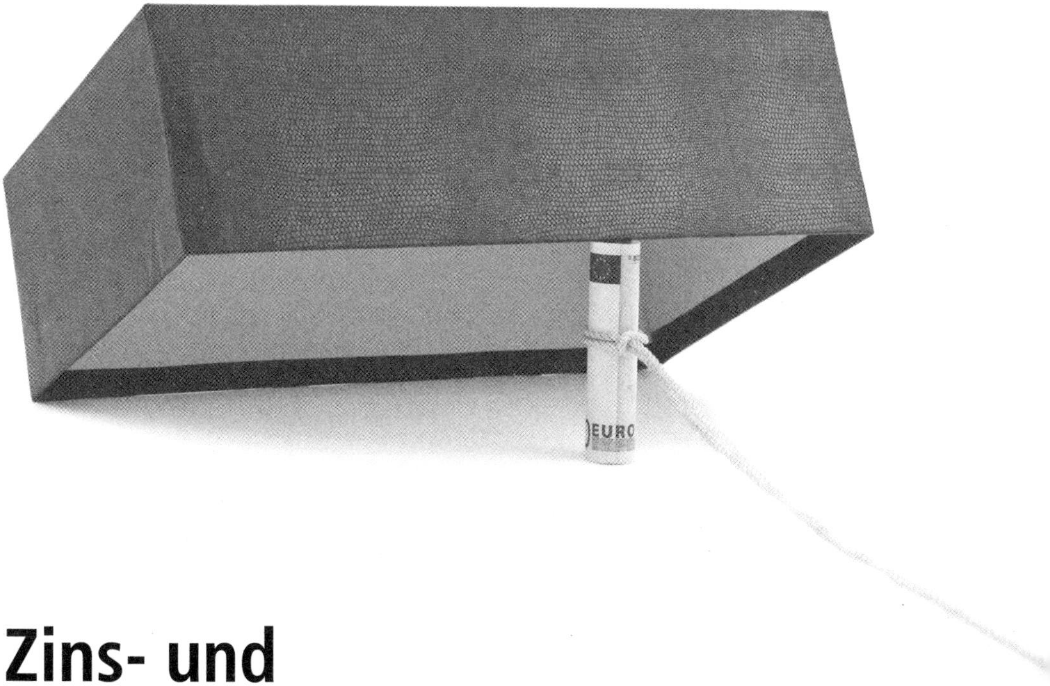

Zins- und Währungsfallen vermeiden

Einfache Merkregeln für den Durchblick

Ungeeignete Produkte erkennen und meiden

In diesem Buch war bisher viel von sinnvollen und teilweise auch nicht so sinnvollen Möglichkeiten der Absicherung gegen Zinserhöhungs- und Währungsschwankungs-Risiken die Rede. In der Praxis werden Ihnen auch immer wieder neue scheinbar sinnvolle Angebote begegnen. Hier stellt sich naturgemäß die Frage, wie fragwürdige Angebote schnellstmöglich erkannt und aussortiert werden können.

Wie können unvorteilhafte Angebote mit möglichst geringem Aufwand erkannt werden?

Das Erkennen von unvorteilhaften Angeboten mit geringst möglichem Aufwand ist Thema dieses Kapitels. Neben einfachen Regeln zum Erkennen von Fallen der Risikoabsicherungen werden Praxisbeispiele zeigen, worauf (nicht nur) der vorsichtige Kreditnehmer lieber verzichten sollte.

Einfache Merkregeln

Es ist auch im Finanzbereich sinnvoll, wesentliche Erkenntnisse in einfach merkbaren Regeln festzuhalten, mit denen Fehler bei der Finanzierung und der Absicherung von Zins- und Währungsrisiken vermieden werden können.

Regel 1. Es gibt keine Geschenke!

Im Alltag würden wir es von anderen niemals erwarten – in Finanzgeschäften mit Versprechungen zu kostenlosen oder zumindest sehr kostengünstigen Risikoabsicherungen erscheint es uns selbst von Fremden selbstverständlich! Viele der unseriösen Angebote wirken zuerst einmal wie ein Geschenk: Verzicht auf eine Prämienzahlung durch den Kreditgeber, scheinbar niedrige Absicherungsschwellen, Prämien-Discount etc.

Lassen Sie sich niemals von schönen Versprechen blenden, sondern handeln Sie in Geldgeschäften zumindest (!) so vorsichtig wie im übrigen Leben. Im Sprichwort heißt es: „Bei Geld hört die Freundschaft auf" – warum sollte Ihnen also ein Fremder Geld (Absicherung von niedrigen Zinsen, Ausschaltung von Risiken etc.) schenken? Wenn es aber kein Geschenk ist, was ist dann der Preis?

Regel 2. Keine Chance ohne Risiko!

Sie haben sich für eine Absicherung von Zins- und/oder Währungsrisiken entschieden. Und zwar zumeist deshalb, weil Sie fest mit einer für Sie als Kreditnehmer negativen Entwicklung der Zins- und Währungsmärkte rechnen.

Wenn Sie also schon davon überzeugt sind, sollten Sie dann nicht durch eine bewusste Über-Sicherung zusätzliches Geld verdienen? Nein! Eine Absicherung ist immer das Schließen einer vorhandenen Sicherheitslücke, eines Risikos. Auch wenn Sie fest von der Richtigkeit der Absicherung überzeugt sind – in die Zukunft sehen können Sie nicht. Und günstige Absicherungen gibt es nur dann, wenn Sie eine andere Meinung haben als der Markt, zumindest als Ihr Vertragspartner. Dies schließt das Risiko des Irrtums mit ein.

Eine zu früh oder falsch abgeschlossene Absicherung kostet Sie maximal den vorher genau kalkulierbaren Einsatz. Eine Übersicherung hingegen ist Spekulation. Und je nach verwendeten Finanzinstrumenten kann dies zu unkalkulierbaren Zuzahlungen führen. Dieses Risiko sollten Sie immer meiden!

Regel 3. Niemals Geschäfte ohne Verstehen!

Komplexe Produkte sollten gemieden werden – der Normalbürger kann sie kaum noch verstehen

Vertrauen Sie niemals blind einem Verkäufer von Chancen oder einem (zukünftigen) Geschäftspartner. Dieser wird – da er niemals uneigennützig handeln wird – immer die Chancen betonen und die Risiken (sofern sie erwähnt werden) kleinreden. Wichtig ist: Sie müssen die Wirkungszusammenhänge des Geschäfts und die Risiken vollständig verstehen und dann für sich entscheiden, ob Sie diese Risiken bewusst eingehen wollen.

Am Beispiel des auf ► Seite 121 beschriebenen Knock-out-Währungsoptionsscheins: Nur 5,4 Prozent Kaufpreis und Absicherung der Währung über den langen Zeitraum von 10 Jahren? Aber bei genauerem Hinsehen und Verstehen auch das Risiko (oft die hohe Wahrscheinlichkeit), dass die Knock-out-Barriere nicht hält und Sie dann trotz Kosten ohne Absicherung dastehen …

Wenn Sie das Geschäft nicht lückenlos verstehen: Finger weg! Durch das Verpassen von Chancen ist noch niemand arm geworden.

Regel 4. Interesse des Geschäftspartners verstehen!

Gehen Sie prinzipiell davon aus, dass Ihr eventuell zukünftiger Geschäftspartner nicht (nur) Ihnen einen Gefallen tun möchte, sondern vor allem Eigeninteressen hat!

Versuchen Sie prinzipiell, das Geschäftsmodell (die Interessen) Ihres Gegenübers zu verstehen. Entweder hat Ihr Geschäftspartner eine kostengünstige Möglichkeit der Absicherung seiner Position (bei Swap-Geschäften z.B. über den Interbankenmarkt), oder er wettet auf die Ihnen entgegengerichtete Richtung! Letzteres ist extrem problematisch, da die Bank ja eigentlich als Ihr Berater auftritt, Sie möglicherweise sogar zu diesem Geschäft überreden will, sie hierauf angesprochen hat. Auch verfügt sie über eine umfangreiche volkswirtschaftliche Abteilung, einen guten Treasury-Bereich etc. mit hochqualifiziertem Personal.

Insbesondere im Bereich der Zinsabsicherungen gibt es eine Vielzahl von Produkten und Produktvarianten. Warum bietet Ihnen die Bank gerade dieses Produkt, diese Variante an? Dieses Beispiel lässt sich natürlich auf alle anderen Finanzfragen einfach übertragen:

Kinder erschließen sich die Welt durch die „Warum"-Frage, Erwachsene hoffentlich auch

Frage. Warum bietet Ihnen die Bank Produkte mit historisch hohen Zinsniveaus als Zinsobergrenze oder Swap-Festzinsgeschäft an?

Antwort. Weil die Bank der Meinung ist, dass Ihre Chance (das Risiko der Bank) auf Überschreiten der Absicherungsniveaus sehr klein oder gar nicht vorhanden ist.

Frage. Warum weist der Berater nicht darauf hin, dass Zinsabsicherung und Kredit unabhängige Produkte sind und bei unterschiedlichen Banken abgeschlossen werden können?

Antwort. Weil Sie über die dann offenkundige Wettbewerbssituation zwischen den Banken informiert wären und eine bessere Verhandlungsposition hätten.

Frage. Warum erhalten Sie von der Bank nicht zum gleichen Zeitpunkt ein Angebot zu jeder der besprochenen Produktvarianten?

Tipp: Angebot auf versteckte Kosten prüfen

Prüfen Sie jedes Angebot auf offene und verdeckte Kosten – schließlich müssen Sie diese von Ihrem Geld bezahlen. Beim Zinscollar ist z.B. in der Zinsuntergrenze eine versteckte Prämienzahlung enthalten. Nur wenn Sie die Produkte und die Interessen des Gegenübers komplett verstehen, können Sie die unterschiedlichen Produktvarianten sinnvoll vergleichen.

Antwort. Weil Sie sich im Vergleichen der Angebote und im Heraussuchen der für Sie günstigsten Variante dann leichter täten.

Regel 5. Geschäftsanbahnung kritisch sehen!

Wenn Sie über Zeitungsanzeigen oder Telefonkontakte auf eine fantastische Absicherungsstrategie angesprochen werden, sollten Sie sehr skeptisch sein. Bei Zeitungsanzeigen dient eine hohe Absicherung immer nur als Lockvogel, um möglichst viele der Leser zur Kontaktaufnahme zu überreden. Dann stellt sich natürlich sofort die Frage: Wie viele Chancen (d.h. für wie viele Leser) kann es denn dann überhaupt geben?

Eine Kontaktaufnahme über Telefon ist hochgradig unseriös und verboten! Häufig haben Sie es mit geschulten Verkäufern zu tun, die Sie mit allen psychologischen Tricks zum Abschluss überreden wollen (bis hin zu häufigen Telefonanrufen, Drohungen, wechselnden Anrufern etc.). Seien Sie realistisch: Einem ausgebufften Profi im Telefonverkauf sind Sie im Normalfall nicht gewachsen. Verbitten Sie sich weitere Anrufe und legen Sie auf, Höflichkeit ist hier fehl am Platz.

Regel 6. Persönliche Haftung und Kapitalverlust vermeiden

Eine Absicherung soll Risiken reduzieren, nicht erhöhen

Ihr Interesse ist ausschließlich die Absicherung bestehender Risiken von steigenden Zinsen oder der Aufwertung Ihrer Kreditwährung. Ihr Ziel ist die Schließung genau dieser Lücken – und dies zum vorher genau kalkulierten Preis (Festzinssatz, Minimumzinssatz, Prämie etc.). Ein über diesen kalkulierten Preis hinausgehender Kapitalverlust oder zusätzliche Zahlungen können hierbei vom Prinzip nicht vorkommen.

Angebote, die Risiken wie Kapitalverlust oder eine darüber hinausgehende persönliche Haftung beinhalten (zumeist als unwahrscheinliche Möglichkeit genannt) passen nicht zu dieser Zielsetzung. Dies kann kein Absicherungsprodukt sein!

Produkte mit der Möglichkeit einer ungewollten Entwicklung, wie jede Art von Knock-out-Optionsscheinen, sollten Sie immer meiden, auch wenn Ihnen die Risiken als „rein hypothetisch" dargestellt werden. Halten Sie es strikt nach dem Gesetz von Murphy: „Wenn etwas schief gehen kann, geht es auch schief." Oder wenn Sie es lieber etwas positiver ausgedrückt haben möchten: Wer Lotto spielt und die dortige extrem geringe Chance auf einen Hauptgewinn in seine Träume und Planungen einbezieht, sollte dies auch bei hohen finanziellen Risiken tun! Beteiligen Sie sich daher nie an Geldgeschäften, deren (angeblich nicht erwartbare) Risiken Sie nicht tragen wollen oder können. Nur so sind Sie auf der sicheren Seite.

Regel 7. Angebote für „Klein-Kredite" genau kontrollieren

Ein niedriger Kredit muss kein Zeichen für z.B. wenig Finanzverstand sein, er kann auch viel Eigenkapital bedeuten

Seien Sie vorsichtig, wenn Ihnen durch kleine optische Tricks (wie eine Prämienzahlung von 1,99 Prozent statt 2 Prozent) eine größere Preiswürdigkeit oder ein knallhartes Kalkulieren vorgespielt werden soll. Auch sollten Sie skeptisch werden, wenn nicht alle für einen Produktvergleich erforderliche Angaben wie z.B. die Laufzeit klar und direkt ersichtlich sind. Interessanterweise finden sich diese Verhaltensweisen nur bei „kleineren" Krediten um die 200.000 Euro, bei größeren ab 500.000 Euro jedoch nicht mehr. Zeigen und sagen Sie dem Anbieter, dass auch Personen mit einem kleineren Kredit (dies können ja auch die mit mehr Eigenkapital sein) rechnen können.

Regel 8. Einseitige Bedingungen meiden

Einige der besprochenen Absicherungen wie der Multi-Callable-Swap weisen einseitige Bedingungen, z.B. in Form eines Kündigungsrechts nur für den Emittenten auf. Diese einseitige Bedingung begrenzt Ihre Chancen (die Risiken des Anbieters), während Ihre eigenen Risiken (die Chancen des Anbieters) nicht begrenzt sind. Hier reicht eine geringere Zinsobergrenze oder der Verzicht auf eine Prämienzahlung im ersten Jahr nicht aus, um

Ihre Nachteile auszugleichen. Es gibt so viele Anbieter und Angebote für Zins- und Währungsabsicherungen. Machen Sie nur Geschäfte „auf gleicher Augenhöhe" ohne die Bevorzugung Ihres Geschäftspartners.

Ungeeignete Produkte

Immer wieder kommen Produkte auf den Markt, bei denen insbesondere – aber nicht nur – unerfahrene Kreditnehmer mit der Beurteilung der Risiken überfordert sind. Im Folgenden werden einige konkrete Produkte analysiert, um so die Sensibilität für mögliche Fallen und Risiken zu schärfen.

Synthethischer Fremdwährungskredit

„Synthetisch" bedeutet auf Deutsch nicht: „ohne Risiko"

Der typische Fremdwährungskredit wird nur aus einem Grund abgeschlossen: In dieser Fremdwährung muss ein geringerer Zinssatz im Vergleich zum Euro-Kredit bezahlt werden. Dafür aber muss der Kreditnehmer das Fremdwährungsrisiko tragen. Gibt es hier aber den „Königsweg" von niedrigeren Zinsen (als im Euro-Raum) ohne Währungsrisiko? Der nachfolgend beschriebene „synthetische Fremdwährungskredit" will dies zumindest glauben machen.

Können Sie die Fragen „Sie haben derzeit eine Finanzierung und wollen den Zinsaufwand optimieren? Sie wollen die attraktiv niedrigen CHF-Zinsen nutzen? Das Währungsrisiko eines steigenden CHF soll gemindert werden?" alle mit einem „Ja" beantworten? Dann gehören Sie zur Risikogruppe von Kreditnehmern, für die nach Ansicht der anbietenden Bank dieses Produkt in Frage kommt: eine EUR-Finanzierung mit eventuellem Umstieg in CHF.

Und dies funktioniert folgendermaßen: „Der eventuelle Umstieg (von EUR nach CHF) wird durch den Verkauf einer Währungsoption eingegangen: Durch den Prämienertrag der Option wird der Zinsnachteil einer EUR-Finanzierung kompensiert. Gleichzeitig wird das Währungsrisiko eines steigenden Schweizer Franken durch das Sicherheitsband bis zur Aktivierungsschwelle ausgeschaltet. Die Deaktivierungsschwelle dagegen bietet Ihnen die Chance eines vorzeitigen Wegfalles des eventuellen Umstiegs."

Praxis-Beispiel

„Aktivierungsschwelle" und „Deaktivierungsschwelle" – das klingt wieder etwas kompliziert

- Währung .... Euro
- Volumen 100.000
- Prämie .... 1,5 % vom Volumen
- Laufzeit .... 31.08.2006 – 15.11.2007
- Umstiegskurs CHF/EUR 1,6350
- Aktivierung CHF/EUR 1,4990
- Deaktivierung CHF/EUR 1,6350

- Währungskurs aktuell 1,5770

Sie erhalten für die Laufzeit von 15 Monaten insgesamt 1,5 Prozent des vereinbarten Volumens, d.h. hier 1,5 Prozent von 100.000 Euro. Der Zinsabstand zwischen CHF-Zinsen und EUR-Zinsen beträgt zumeist 1,5 bis 2 Prozent. Rein optisch entsteht so der Eindruck, dass durch den Verdienst dieses (natürlich „sicheren") Geschäfts der Zinsnachteil einer Euro-Finanzierung ausgeglichen werden kann und kein Währungsrisiko besteht. Rein rechnerisch stimmt dies nicht, da ja der Prämienertrag auf die Laufzeit von 15 Monaten bezogen ist, d.h. auf ein Jahr nur 1,2 Prozent wäre.

Daraus ergeben sich folgende Szenarien:

- Während der Laufzeit des Geschäfts wird die Deaktivierungsschwelle von 1,6350 zumindest einmal erreicht oder übertroffen: Das Geschäft mit der möglichen Gefahr wird deaktiviert. Ihr Kredit bleibt im Euro.
- Der Währungskurs erreicht während der Laufzeit nie den Aktivierungswert von 1,4990. Das Risiko des Geschäfts wird nie aktiviert – der Kredit bleibt im Euro.

- Der Währungskurs erreicht zumindest einmal während der Laufzeit die Aktivierungsschwelle von 1,4990. Es ergeben sich dann zwei Unterszenarien:
  - Anschließend wird wieder die Deaktivierungsschwelle von 1,6350 erreicht. Das Risiko wird deaktiviert – Ihr Kredit bleibt im Euro.
  - Die Deaktivierungsschwelle wird nicht wieder erreicht. Ihr Kredit wird in den CHF zum Kurs von 1,6350 gedreht!

Bei drei von vier Möglichkeiten kein Risiko! Und der Bankberater sagt, es bestände kein Risiko! Kann da etwas schief gehen? Vergegenwärtigen wir uns die zuvor besprochenen Merkregeln (► Seite 138):

Warum werden Geschenke von Bankberatern nicht in bar ausgezahlt?

Regel 1. Es gibt keine Geschenke. Die Bank würde Ihnen bei keinem Risiko für Sie 1,5 Prozent des vereinbarten Betrages schenken. Ist dies realistisch?

Regel 3. Niemals Geschäfte ohne Verstehen. Wie funktionieren „Währungsoptionsgeschäfte"? Wenn Sie dies nicht wissen – immer sofort das Angebot beiseite legen. Oder fragen Sie einen neutralen Experten – nicht den Bankberater.

Regel 4. Interesse des Geschäftspartners verstehen. Der Geschäftspartner – d.h. hier Ihre Bank, die Ihnen das Geschäft empfiehlt – verdient nur etwas, wenn der vierte (laut Bank unrealistische) Fall eintritt. In jedem anderen Fall verliert die Bank und Sie behalten die Prämie von 1,5 Prozent. Ihr Berater kann also nur dann gewinnen, wenn Sie verlieren! Was sagt Ihnen dieser gravierende Interessenskonflikt?

Und wenn die Bank sagt, sie würde Geschäfte absichern und hätte kein Eigeninteresse – dann muss sie doch die Interessen des Absicherungspartners berücksichtigen.

Worin liegt der mögliche Verdienst der Bank und damit Ihr möglicher Nachteil? Vereinfacht gesagt darin, dass Sie gezwungen sind, zu für Sie ungünstigen Konditionen von einem Euro-Kredit in einen CHF-Kredit zu wechseln:

Aktueller Kurs zu Beginn	1,577
Umstiegskurs	1,635
Aktivierungskurs	1,499

Betrag Euro	CHF-Betrag	Kurs	Euro-Betrag	Verlust in Euro	Verlust in %
100.000 €	163.500 €	1,499	109.072,72 €	–9.072,72	9,07
100.000 €	163.500 €	1,6105	101.521,27 €	–1.521,27	1,52
100.000 €	163.500 €	1,577	103.677,87 €	–3.677,87	3,68
100.000 €	163.500 €	1,535	106.514,66 €	–6.514,66	6,51

Erst sehr genaues Nachrechnen zeigt auf, dass Chancen und Risiken hier ungleich verteilt sind

Zu Beginn des Geschäfts gab es einen aktuellen Kurs von 1,5770. Während der Laufzeit wurde dann die Aktivierungsschwelle von 1,4990 erreicht, d.h. der Euro-Kredit wird mit einem Kurs von 1,6350 in einen CHF-Kredit getauscht. Für Sie als Kreditnehmer hängt die Höhe des Verlustes jetzt von der weiteren Währungsentwicklung ab. Bleibt es bei einem Kurs von 1,4990 (d.h. der Aktivierungsschwelle), beträgt Ihr Verlust rund 9 Prozent. Erst wenn der Kurs von der Aktivierungsschwelle bei 1,4990 wieder bis 1,6105 abwertet, erleiden Sie unter Einrechnung der Prämie von 1,5 Prozent keinen Verlust.

Einem sicheren Ertrag von 1,5 Prozent steht also ein nicht bekanntes Risiko gegenüber. Dieses kann im Falle des Aktivierungskurses zumindest

Kursentwicklung EUR/CHF und synthetischer Kredit

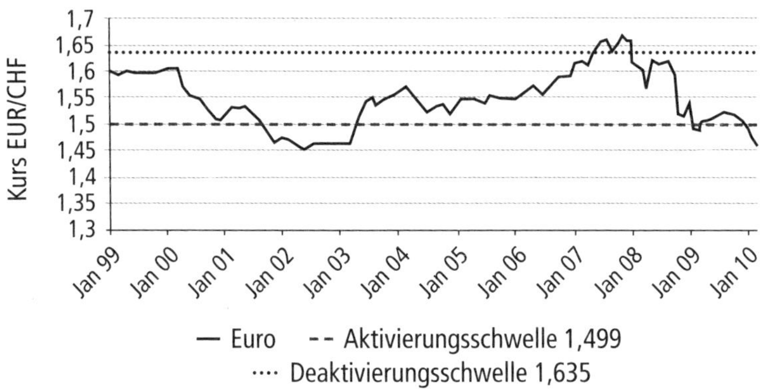

9 Prozent Ihres Kreditbetrages ausmachen, während die Bank maximal 1,5 Prozent verliert. Diese Bank hat Ihnen das Geschäft als Berater angeboten. Auch ergeben Marktrecherchen, dass die Bank dieses Geschäft nicht permanent, sondern nur in besonderen Marktsituationen anbietet. Wird das Geschäft durch diese Nebeninformationen für Sie interessanter?

Bei dieser Art von Geschäften hat Ihr Geschäftspartner nicht nur bessere Chancen bei gleich guter Information. Er ist Ihnen jedoch auch überlegen, da die Bank ja über eine volkswirtschaftliche und eine Treasury-Abteilung verfügt.

Bei jedem Geschäft, bei dem Sie zuerst Geld erhalten, handelt es sich um eine Prämie. Sie erhalten diese Prämie für Ihre Position als Stillhalter im Risiko! Hiermit reduzieren Sie nicht die Zinsaufwände und Risiken Ihres Kredits, sondern erhöhen sogar mit hoher Sicherheit bzw. Wahrscheinlichkeit Risiko und Kosten. Auf diese Geschäfte sollten Sie sich daher nie einlassen.

Wenn der Kreditnehmer eine Prämie erhält, hat er keine Absicherung, sondern ist Stillhalter im Risiko!

Und wenn schon von Verkäufer-Tricks die Rede ist – können Sie den Unterschied benennen zwischen dem Originalsatz von oben (► Seite 143) „Gleichzeitig wird das Währungsrisiko eines steigenden Schweizer Franken durch das Sicherheitsband bis zur Aktivierungsschwelle ausgeschaltet" und dem Satz „Gleichzeitig wird das Währungsrisiko eines steigenden Schweizer Franken, durch das Sicherheitsband bis zur Aktivierungsschwelle, ausgeschaltet"? Richtig: Das Risiko wird nur teilweise ausgeschaltet!

Währungsmanagement

„Mit den eigenen Schulden Geld verdienen" ist das Grundkonzept des Währungsmanagements. Voraussetzung hierfür ist lediglich die Bereitschaft, sich sowohl in Fremdwährung als auch in Euro zu verschulden. Der Kredit in Fremdwährung wird jetzt nicht als Risiko, sondern als Chance betrachtet: Zu Zeiten einer sehr starken Abwertung des Euro z.B. gegenüber dem Schweizer Franken (entspricht einer starken Aufwertung des Franken) erfolgt die Verschuldung in der Fremdwährung. Dies natürlich in der Erwartung, dass der Franken später wieder abwertet (Abbildung ► Seite 148):

Kurs Euro/Yen von Mai 2008 bis April 2010

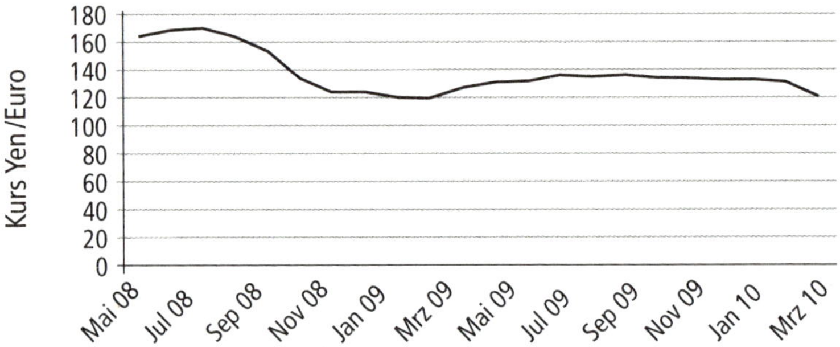

Am Beispiel des Yen bedeutet dies, dass der Kreditnehmer im Winter 2000 einen Kredit in Yen aufgenommen hätte und im Sommer 2008 wieder in den Euro zurückgekehrt wäre.

Datum	Betrag in Euro	Währungskurs	Betrag in Yen
August 2000	100.000	95	9.500.000
Mai 2008	59.375	160	9.500.000

Warum arbeiten Profis in der Währungs-Spekulation nicht mit eigenen Krediten?

Ja, alles richtig gemacht. Von August 2000 bis Mai 2008 hat dieser Kreditnehmer über ursprünglich 100.000 Euro von den extrem niedrigen Zinsen im japanischen Yen profitiert. Und daneben auch noch einen Währungsgewinn von rund 41.000 Euro erzielt! Aber war dies im Vorhinein absehbar? Und was wäre passiert, wenn der Kreditnehmer den falschen Einstiegs- und/oder Ausstiegszeitpunkt gewählt hätte? Dann wären möglicherweise hohe Verluste entstanden.

Jetzt gibt es zum Glück Profis in der Währungs-Spekulation. Diese bieten einen Management-Vertrag für den Kredit an. Je nach Anbieter verrechnen sie hierfür 1 Prozent im Jahr oder 0,1 Prozent im Monat an Gebühren. Und dafür setzen sie ihre Fähigkeiten ein, um mit Ihrem Kredit einen ordentlichen Ertrag zu erwirtschaften.

Wie ist dieses Geschäftsmodell von Seiten des Kreditnehmers zu beurteilen?

Vertrag kritisch prüfen. Diesbezügliche Verträge sollten – sofern man der Idee näher treten möchte – dringend von einem versierten Rechtsanwalt geprüft werden. Sie sehen in der Regel nicht nur eigenständiges Arbeiten des Managers vor, sondern legen oft auch fest, dass er an explizite Weisungen nicht gebunden ist.

Ertragsarten festlegen. In der Praxis kommt es zu Ertragsrechnungen, welche auch den Zinsvorteil in der Fremdwährung beinhalten. Dies ist jedoch nur dann zweckmäßig für den Kreditnehmer, wenn er vorher im Euro war. War er jedoch bereits vorher in der Fremdwährung, so ist dieser Zinsvorteil seiner Entscheidung zuzurechnen – und eben nicht dem Währungsmanager.

Zinsabsicherungen problematischer. Ihr unabhängiges Währungs-Management hat die Aufgabe, Zins- und Währungsvorteile durch den (richtig terminierten) Wechsel der Währungen zu erwirtschaften. Dies macht es zumeist unmöglich, sich z.B. mittels Swap-Vereinbarungen gegen steigende Zinsen abzusichern.

Zinsbelastung schwerer kalkulierbar. Sie sind in Fremdwährung finanziert und haben relativ geringe Zinsbelastungen zu tragen. Darauf haben Sie sich (was ein Fehler ist) in Ihrem Ausgabeverhalten eingestellt. Jetzt aber entscheidet Ihr Währungs-Manager, der ja an Ihre Weisungen nicht gebunden ist, in den Euro mit höheren Zinsen zu wechseln. Dies kann für Sie eine erhebliche monatliche Mehrbelastung an Zinsen bedeuten, für die Sie im Haushaltsplan keine Finanzmittel reserviert haben.

Ein Währungswechsel verändert die Zinszahlung – was sagt das Haushaltsbudget dazu?

Qualität des Währungs-Managers. Bisher hatten wir unterstellt, dass Ihr Währungs-Manager für Sie einen Gewinn erwirtschaftet. Dies aber muss nicht so sein und war es in der Vergangenheit oft auch nicht. Dies liegt schon daran, dass die Zukunft schwer vorhersehbar ist. Und Ihr Währungs-Manager arbeitet nicht mit eigenen Krediten und erwirtschaftet so seinen Lebensunterhalt. Er ist darauf angewiesen, das Währungs-Management entgeltlich für eine Vielzahl von kleinen Kreditnehmern durchzuführen. Warum kann er für andere Auftraggeber besser arbeiten als für sich selbst?

Währungs-Spekulation als Zinsersatz

Als Kreditnehmer möchten Sie die niedrigen Zinsen z.B. im Schweizer Franken, jedoch kein oder nur ein geringes Währungsrisiko? Genau für diese Erwartungshaltung ist das nachfolgende Produkt konzipiert:

Der Grundgedanke. Der Grundgedanke eines Fremdwährungskredits z.B. im Schweizer Franken ist der niedrigere Zins im Vergleich zum Euro-Raum. Hier beträgt der durchschnittliche Zinsvorteil etwa 1,5 bis 2 Prozent. Allerdings um den Preis des Währungsrisikos, welches auf dem gesamten Kreditbetrag lastet. Der uns bekannte Produktanbieter sieht jetzt vor, dass der Kredit im Euro aufgenommen wird und der Zinsnachteil von 1,5 Prozent durch eine professionelle Währungs-Spekulation erwirtschaftet wird.

Erhöhung Kreditbetrag um 15 Prozent. Der Kreditnehmer nimmt einen Kredit zum Hauskauf auf. Folglich hat er kein Geld übrig für Spekulationen. Das Konzept des Anbieters sieht also vor, dass der Kreditbetrag um 15 Prozent erhöht wird. Der Kredit wird jedoch weiterhin in Euro aufgenommen.

Investieren des zusätzlichen Kredits. Glücklicherweise weiß der Produktanbieter auch direkt eine sinnvolle Investitionsmöglichkeit: Der Hausbauer investiert die 15 Prozent an zusätzlichem Kredit in Fonds des Produktanbieters. Dieser nimmt hierfür ein Aufgeld von fünf Prozent des Anlagebetrages und verrechnet eine jährliche Managementgebühr. Hierfür stellt er seine jahrelange Expertise im Bereich Devisen-Spekulation zur Verfügung. Er rechnet mit einer Rendite auf das eingesetzte Kapital von 20 Prozent pro Jahr.

Mit zunehmender (Plan-)Rendite steigt auch das Risiko!

Die Zinsverbilligung. Die 20 Prozent Rendite pro Jahr beziehen sich auf den Zusatzkredit von 15 Prozent der eigentlichen Kreditsumme. Heruntergerechnet auf die Kreditsumme ergibt dies eine Rendite von rund 2 bis 3 Prozent. Und dieser Ertrag (vor Steuern) kann jetzt eingesetzt werden, um die höheren Zinsen im Euro-Raum auszugleichen. Vor dem nächsten Schritt sind jedoch obige Zahlen nochmals kritisch zu hinterfragen, ob sie so auch wirklich stimmen. Nun, nicht ganz. Der zusätzliche Kredit muss ja auch zinsmäßig bezahlt werden. Unterstellt man hier nur einen Zinssatz von 4 Prozent, werden aus der Rendite von 20 Prozent bereits schlankere 16 Prozent. Dies geteilt durch rund 8 (115% : 15%, ▸ nächster Punkt „Das Sicherungskonzept") ergibt eine Rendite auf die gesamte Kreditsumme von nur noch 2 Prozent vor Steuern. Und nach Steuern sind dies je nach Steuerart (Kapitalertragsteuer von 25 Prozent bei Fonds; Einkommensteuer von bis zu 50 Prozent bei Spekulationsgewinnen) nur noch 1 bis 1,5 Prozent.

Das Sicherungskonzept. Der Produktanbieter sieht einen wesentlichen Vorteil seines Ansatzes darin, dass nicht mehr 100 Prozent in einer Fremdwährung investiert werden und diesem Risiko ausgesetzt sind, sondern jetzt nur noch 15 Prozent, d.h. ein Siebtel. Dies aber ist eigentlich nur ein Achtel, bezogen auf den (erhöhten) Kredit von 115 Prozent. Ein theoretisches Verlustrisiko bestände natürlich, jedoch sei er als Devisen-Experte sehr erfolgreich.

Was ist von diesem (realen!) Angebot zu halten?

Keine Zinsverbilligung. Zuerst einmal stehen die sogenannte „Zinsverbilligung" (Ausgleich der höheren Zinsen im Euro-Raum) und das Zusatz„geschäft" in keinem sachlichen Zusammenhang. Sie erreichen das gleiche Ziel durch ein Geschenk der Eltern, einen Lottogewinn oder die Aufnahme einer zusätzlichen Arbeit!

Spekulation auf Kredit. „Spekulation auf Kredit" gehört zu den absoluten Todsünden jeder Investition. Hier riskieren Sie nicht nur vorhandenes Geld, sondern vielmehr geliehenes. Wenn die Spekulation nicht aufgeht, ist Ihre finanzielle Situation wesentlich schlechter als vorher!

Spekulieren auf Kredit gehört zu den Todsünden jeder Investition!

Das Sicherungskonzept. Der Anbieter sieht einen Vorteil darin, dass nicht mehr 100 Prozent, sondern nur noch 15 Prozent im Fremdwährungsraum investiert sind. Dies erfolgt jedoch nicht in der gleichen Risikoklasse, sondern in einer wesentlich höheren. Dies sieht man auch bei der Rendite: 20 Prozent Rendite pro Jahr spiegeln ein höheres Risiko wider als

1,5 Prozent Zinsvorteil pro Jahr. Hiermit steigt auch die Gefahr bzw. Wahrscheinlichkeit, dass es nicht zu Gewinnen, sondern zu Verlusten kommt.

Vielleicht ist die Arbeit des Profis für eine kleine Gebühr doch kein Geschenk

Das Eigeninteresse. Es mutet schon fast wie (gelebte) Nächstenliebe an, dass der Anbieter seine Fähigkeiten im internationalen Devisenhandel nicht nur für sich und mit eigenem Geld (besser: mit eigenen Krediten) durchführt und sich nach wenigen erfolgreichen Jahren zur Ruhe setzt. Stattdessen kümmert er sich um eine Vielzahl von Hausbauern, die von seinen Fähigkeiten profitieren können. Und dies für ein nur kleines Aufgeld und eine bescheidene Managementvergütung. Vielleicht liegt dies daran, dass seine Kosten für Anforderungen der Finanzaufsicht etwas geringer sind – durch einen Sitz im außereuropäischen Ausland.

Zins- und Währungsrisiken im Anlegerprofil

Absicherungsziele dokumentieren

Rechte kennen und nutzen

Beratungsqualität erkennen

Sie sind Kreditnehmer, haben kein Wertpapierdepot und einen hohen Kredit? Welche Bewandtnis hat dann ein sogenanntes Anlegerprofil, welches ja für die Veranlagung von Geldern benötigt wird?

Veranlagungsinstrumente werden zur Absicherung gegen Risiken eingesetzt

Zuerst einmal sind viele der in diesem Buch beschriebenen Absicherungsinstrumente zugleich auch Veranlagungsarten für Kapital. Eine Option z.B. kann sowohl zu Veranlagungszwecken (hier sogar eher: Spekulation) eingesetzt werden, zugleich aber zur Risikoabsicherung eines Vermögensgegenstandes oder auch eines Kredites. Stimmen das zu besichernde „Ereignis" (Kredit) und das Sicherungsinstrument nicht bzgl. Betrag, Laufzeit etc. überein und kommt es hierdurch zu einer „Übersicherung", so haben wir wieder den Kauf von z.B. Optionen zu Spekulationszwecken. Und hierfür würden Sie dann wieder das Anlegerprofil benötigen.

Wir empfehlen, ein Anlegerprofil in jedem Fall auszufüllen. Denn durch die gezielten Anmerkungen können Sie natürlich auch sicherstellen, dass Sie nur in Richtung Kreditabsicherung beraten werden. Und dieses sollte den kleinen Arbeitsaufwand wert sein.

Das Anlegerprofil

Gemäß §§ 43 ff Wertpapieraufsichtsgesetz (WAG) 2007 „hat" der Finanzdienstleister (also zwingend!) die bisherigen Erfahrungen sowie die Bedürfnisse und die Risikoneigung des Kunden zu erfragen. Damit will der Gesetzgeber sicherstellen, dass die Anlageberatung passend für die Bedürfnisse des Kunden erfolgt. Das WAG 2007 trat am 1.11.2007 in Kraft und löste das davor geltende Wertpapieraufsichtsgesetz (WAG 1996) ab, das mit § 13 Ziffer 3 schon die gleiche Verpflichtung vorgesehen hatte.

Der Gesetzgeber hat also das Problemfeld einer fehlerhaften Beratung erkannt, sogenannte Wohlverhaltensregeln statuiert und die Berater mit obigen Vorgaben gesetzlich dazu verpflichtet, beim Beratungsgespräch zur Dokumentation dieser Pflichten ein umfangreiches Anlegerprofil (oft auch Gesprächsnotiz oder Beratungsprotokoll o.ä. genannt) zu erstellen. Hiermit sollen die Anlegerziele und -erfahrungen festgehalten werden. Jedes der zeitlich nachfolgenden Geschäfte ist dann daraufhin zu überprüfen, ob das Geschäft auch wirklich zum konkreten Profil dieses Anlegers passt.

Dem Anlegerprofil kommt eine sehr große und nicht zu unterschätzende Rolle bei der späteren Beratungsqualität zu. Für den Anleger ist ein korrekt ausgefülltes Profil Sicherheit in Bezug auf eine individuelle und für ihn passende Produktberatung. Für den Berater ist sie ebenfalls Sicherheit bzgl. der Beratung – er kann damit möglicherweise nachweisen, dass er keinen Beratungsfehler begangen hat.

Dem Anlegerprofil kommt eine große Bedeutung bei der Beratungsqualität zu

Leider wird das Anlegerprofil in der Praxis noch viel zu häufig falsch ausgefüllt und zu leichtfertig vom Kunden unterschrieben:

- Der Kardinalfehler ist schon, das Ankreuzen und Ausfüllen nicht selbst zu erledigen, sondern dem Berater zu überlassen, der überdies meist die ganze Angelegenheit als reine Formsache abtut. In Wirklichkeit dokumentiert es den wesentlichen Inhalt des abgeschlossenen Beratungsvertrages! Kleine Ungenauigkeiten im Ausfüllen oder Abweichungen von den tatsächlichen Kundenwünschen und -angaben entscheiden über Sieg oder Niederlage in einem allfällig nachfolgenden Prozess! Wenn der Berater Ihre Unterschrift will, soll er Sie auch selbst ausfüllen lassen!
- Ein zweiter Fehler ist, den Vorgaben des Beraters zum Ausfüllen Glauben zu schenken: „Das müssen wir bei diesem Produkt so hinschreiben" oder „Wenn wir nicht zumindest ‚mittleres Risiko' ankreuzen, kann ich Ihnen dieses Produkt nicht vermitteln"! Schrillen sie schon, die Alarmglocken? Im Prozess wird der Berater oder seine Firma oder deren Anwalt dann behaupten, das Anlegerprofil beweise doch schwarz auf weiß, dass Sie risikoreicher veranlagen wollten, als Sie es jetzt behaupten!
- Aller schlechten Dinge sind drei, und so gibt es noch eine weitere „Todsünde": Jedes dieser gefinkelt vorformulierten Formulare enthält eine Rubrik wie „Ich bin nicht bereit, nähere Angaben zu machen" o.ä. – wenn Sie das ankreuzen oder akzeptieren, dass es der Berater tut, dann ist das geradezu ein Freibrief für die Gerichte, Sie als nicht beratungswürdig (weil nicht beratungswillig) einzustufen! Niemand, außer den Herren Rockefeller und Dagobert Duck oder ein paar Drogenbaronen, hat in Wirklichkeit

etwas zu verbergen. Mit der kleinen Schmeichelei, Sie hätten Vermögen zu verbergen, werden Sie in eine Falle gelockt, obwohl Sie dem Berater gegenüber zuvor doch brav alle gewünschten Auskünfte erteilt haben – genau dafür wurde er doch gerade konsultiert! Ein Beraterschmäh, um künftige Schadenersatzprozesse abzuwenden, lautet dabei z.B. so: „Das müssen die nicht wissen, kreuzen wir ‚keine Angaben' an." Darauf sollten, nach Zehntausenden Geschädigten, nicht auch noch Sie hereinfallen.

Wir möchten daher an einem konkreten Anlegerprofil (die von anderen Banken bzw. Beratern sehen im Aufbau und Inhalt ähnlich aus, wobei fairerweise gesagt werden muss, dass die von Banken meist ausführlicher und umfangreicher sind; ein einheitliches Formular gibt es jedoch leider nicht) auf die wesentlichsten Fehlerquellen eingehen.

Anlageziele und Zeithorizont

Ziel ist immer die Absicherung gegen Zins- und Währungsrisiken

Die in diesem Buch beschriebenen Instrumente zur Absicherung von Zins- und Währungsrisiken können nicht nur zum Schutz des Anlegers bzw. Kreditnehmers eingesetzt werden. Auch die Nutzung zu Spekulationszwecken ist möglich – an dieser Stelle aber nicht gemeint. Um Missverständnisse bei der Nutzung der Optionen, strukturierten Finanzprodukte etc. eindeutig auszuschließen, sollte im Kundenprofil unter „Ziele" vermerkt werden: „zur Absicherung von Zins- und Währungsrisiken".

Zum Teil gibt es im Anlegerprofil auch ein separates Kästchen:

❑ Vermeidung von Zins- und Währungsrisiken

Kreuzen Sie dieses Kästchen in jedem Fall an. Sie schützen sich so auch gegen eine „Übersicherung", d.h. die Spekulation auf Zins- bzw. Währungsschwankungen durch eine ungesicherte Position. Sollte der Text jedoch lauten:

❑ Vermeidung von Zins- bzw. Währungsrisiken

Anlegerprofil für private Kunden

Sachbearbeiter:	Kundennummer:
Kundendaten	
Titel, Vorname, Nachname	Anschrift (Straße, PLZ, Ort, Postfach
eingestuft als **Privatkunde im Sinne des Wertpapieraufsichtsgesetzes.**	

Es ist für Sie als Kunde ein Vorteil, wenn wir Ihre finanziellen Rahmenbedingungen kennen, damit wir Sie auch bei der Anlage in Wertpapieren und Finanzinstrumenten optimal betreuen können. Wir möchten Sie mit diesem Formular soweit unterstützen, dass Sie Ihre finanziellen Ziele bestmöglich umsetzen können. Um dies zu erreichen, bitten wir um wahrheitsgemäße Beantwortung nachfolgender Fragen.

Risikobereitschaft und Anlageziele

Meine Anlageziele	
Mein Anlagezweck	**Mein Anlagehorizont**
☐ Pensions- oder Altersvorsorge	☐ kurzfristig (bis 3 Jahre)
☐ Vermögensbildung	☐ kurz- bis mittelfristig (3-5 Jahre)
☐ Ansparen für Anschaffungen	☐ mittel- bis langfristig (5-10 Jahre)
☐ Sonstiges	☐ langfristig (ab 10 Jahre)

Der vorstehend ausgewählte Anlagehorizont bezieht sich auf die grundsätzliche Laufzeitbereitschaft. Bei einzelnen Aufträgen kann davon abgewichen werden.

Meine Risikobereitschaft

- ☐ **Risikolos (Kategorie 0)** – Ich nehme keine Wertschwankungen (Kursrisiko) in Kauf – (z.B. Sparbuch, Sparersatzprodukte).
- ☐ **Risikoscheu (Kategorie 1)** – Ich bin bereit, geringe Wertschwankungen zu akzeptieren* – (z.B. Anleihen in Euro von Emittenten mit guter Bonität, Geldmarktveranlagungen, entsprechende Fonds; Beimischung von gemischten Fonds, Immobilienfonds, Anleihen in Fremdwährung, Garantiezertifikaten).
- ☐ **Risikobereit (Kategorie 2)** - Ich bin bereit, höhere Wertschwankungen zu akzeptieren* (z.B. gemischte Fonds, Immobilienfonds, Anleihen in Fremdwährung, Garantiezertifikate; Beimischung von Aktien, Aktienfonds, Indexzertifikaten, spekulativen Anleihen).
- ☐ **Hohe Risikobereitschaft (Kategorie 3)** - Ich bin bereit, sehr starke Wertschwankungen zu akzeptieren* (z.B. Aktien, Aktienfonds, Indexzertifikate, spekulative Anleihen; Beimischung von Optionsscheinen, Optionen, Hedgefonds, Turbozertifikaten, Minifutures).
- ☐ **Spekulativ (Kategorie 4)** - Ich lege spekulativ an und bin auch bereit, den möglichen Totalverlust des eingesetzten Kapitals zu akzeptieren (z.B. Optionsscheine, Optionen, Hedgefonds, Turbozertifikate, Minifutures).
- ☐ **Unlimitiertes Verlustrisiko (Kategorie 5)** – Ich lege hoch spekulativ an und bin bereit, ein über den Kapitaleinsatz hinausgehendes Verlustrisiko („Nachschussverpflichtung") in Kauf zu nehmen (z.B. Futures, Short Put, ungedeckter Short Call).

* In besonderen Ausnahmefällen (z.B.: Konkurs, Terroranschläge) sind auch höhere Schwankungen bis hin zum Totalverlust möglich.

Kenntnisse oder Erfahrungen mit Geldanlagen

Informationen zu meinen Kenntnissen mit Geldanlagen

Ich besitze bisher Kenntnisse in den folgenden Kategorien

- ☐ **Kategorie 0** (z.B. Sparbuch, Sparersatzprodukte)
- ☐ **Kategorie 1** (z.B. Anleihen in Euro guter Bonität, Geldmarktveranlagungen, entsprechende Fonds)
- ☐ **Kategorie 2** (z.B. gemischte Fonds, Immobilienfonds, Anleihen in Fremdwährung, Garantiezertifikate)
- ☐ **Kategorie 3** (z.B. Aktien, Aktienfonds, Indexzertifikate, spekulative Anleihen)
- ☐ **Kategorie 4** (z.B. Optionsscheine, Optionen, Hedgefonds, Turbozertifikate, Minifutures)
- ☐ **Kategorie 5** (z.B. Futures, Short Put, ungedeckter Short Call)

Erwerb der Kenntnisse durch	**Kenntnisse durch Informationen**
☐ Berufliche Tätigkeit als:	☐ Ich verfolge regelmäßig Kurse, Börsen- und Wirtschaftsnachrichten
☐ Schulbildung durch:	☐ Ich beobachte gelegentlich Kurse, Börsen- und Wirtschaftsnachrichten
☐ Eigenstudium	☐ Ich interessiere mich nicht für Kurse, Börsen- und Wirtschaftsnachrichten
☐ Anlageberatung durch Fremdbank	

Auszug aus einem Anlegerprofil für Privatkunden (Quelle: Raiffeisen)

Informationen zu meinen Erfahrungen mit Geldanlagen			
Kategorie	**Ich tätige Geschäfte dieser Kategorie**	**Anzahl der Geschäfte seit 1.1.20..**	**Gesamtumfang der Geschäfte seit 1.1.20..**
Kategorie 0: z.B. Sparbuch, Sparersatzprodukte	☐ noch nie ☐ seit ca. _____	☐ 0 bis 3 ☐ 4 bis 10 ☐ mehr als 10	☐ bis EUR 50.000,- ☐ mehr als EUR 50.000,-
Kategorie 1: z.B. Anleihen in Euro guter Bonität, Geldmarktveranlagungen, entsprechende Fonds	☐ noch nie ☐ seit ca. _____	☐ 0 bis 3 ☐ 4 bis 10 ☐ mehr als 10	☐ bis EUR 50.000,- ☐ mehr als EUR 50.000,-
Kategorie 2: z.B. gemischte Fonds, Immobilienfonds, Anleihen in Fremdwährung, Garantiezertifikate	☐ noch nie ☐ seit ca. _____	☐ 0 bis 3 ☐ 4 bis 10 ☐ mehr als 10	☐ bis EUR 50.000,- ☐ mehr als EUR 50.000,-
Kategorie 3: z.B. Aktien, Aktienfonds, Indexzertifikate, spekulative Anleihen	☐ noch nie ☐ seit ca. _____	☐ 0 bis 3 ☐ 4 bis 10 ☐ mehr als 10	☐ bis EUR 50.000,- ☐ mehr als EUR 50.000,-
Kategorie 4: z.B. Optionsscheine, Optionen, Hedgefonds, Turbozertifikate, Minifutures	☐ noch nie ☐ seit ca. _____	☐ 0 bis 3 ☐ 4 bis 10 ☐ mehr als 10	☐ bis EUR 50.000,- ☐ mehr als EUR 50.000,-
Kategorie 5: z.B. Futures, Short Optionen	☐ noch nie ☐ seit ca. _____	☐ 0 bis 3 ☐ 4 bis 10 ☐ mehr als 10	☐ bis EUR 50.000,- ☐ mehr als EUR 50.000,-

Bitte beachten Sie! Eine Erteilung von Wertpapieraufträgen kann nur soweit vorgenommen werden, als Sie Kenntnisse und Erfahrungen über die jeweilige Kategorie besitzen. Soweit der Bank keinerlei Angaben über Ihre Kenntnisse und Erfahrungen vorliegen, bzw. Sie uns diese nicht bekannt geben, muss die Einrichtung eines Onlinedepots abgelehnt werden!

Finanzielle Verhältnisse

Liquides Vermögen*

☐ bis 5.000 EURO
☐ bis 10.000 EURO
☐ bis 30.000 EURO
☐ bis 50.000 EURO
☐ ab 50.000 EURO

* liquides Vermögen = Finanzvermögen (Sparbuch, Anleihen, Aktien, Fonds, ...) abzüglich Verbindlichkeiten, soweit nicht mit dem illiquiden Vermögen verbunden

Liegenschaften und sonstiges illiquides Vermögen

EUR (Wert abzüglich damit verbundener Verbindlichkeiten)

Regelmäßiges frei verfügbares monatliches Einkommen**

☐ bis 100 EURO
☐ bis 400 EURO
☐ bis 800 EURO
☐ bis 1.200 EURO
☐ über 1.200 EURO

** frei verfügbares Einkommen = Nettoeinkommen + Kapitaleinkünfte + sonstige Einkünfte abzüglich Lebenshaltungs- und andere Fixkosten, Versicherungen etc.

Herkunft des Einkommens:

Allgemeine Anmerkungen:

Auszug aus einem Anlegerprofil für Privatkunden (Quelle: Raiffeisen)

und Sie sich gegen beide Risiken absichern wollen, so ersetzen Sie das „bzw." durch ein „und". Sie stellen damit auch von sich aus klar, dass es Ihnen nicht nur um eine einseitige Sicherung geht!

Auch der Anlagehorizont ist wichtig: Eine Aussage „kurz- bis mittelfristig (3 – 5 Jahre)" bedeutet, dass Finanzprodukte mit einer längeren Laufzeit für Sie nicht in Frage kommen. Am konkreten Beispiel bedeutet dies, dass die Absicherung in der vorgesehenen Höhe für Sie nur für den Zeitraum in Frage kommt, in dem auch der zugrundeliegende Kredit in dieser Höhe besteht. Erwarten Sie also in fünf Jahren die Auszahlung einer Lebensversicherung und wollen hiermit den Kredit ganz oder teilweise tilgen, benötigen Sie auch die Absicherung gegen Zins- und Währungsschwankungen in der bisherigen Höhe nur bis zu diesem Zeitpunkt! Aktien (Einzeltitel) sind z.B. grundsätzlich ungeeignet für einen derart kurzen Behaltezeitraum und dürfen Ihnen daher, wenn Ihnen der Sinn nach Wertstabilität und Sicherheit steht, nicht empfohlen werden.

Bedenken Sie immer: Eine „Absicherung" (Swap, Optionen ...) ohne ein abzusicherndes Grundgeschäft (Kredit) ist nichts anderes als pure Spekulation. Und dieses Thema ist auch nicht Gegenstand des Buches.

Eine „Absicherung" ohne abzusicherndes Grundgeschäft ist immer Spekulation

Der Anlagehorizont zielt daher auf die bereits beschriebene Fristenkongruenz ab: Die Fristigkeit Ihrer Absicherungen muss zu Ihrem zeitlichen Kredithorizont passen.

Die Risikobereitschaft

Wie Sie wissen, können Sie eine höhere Rendite nur mit zusätzlichem Risiko erzielen. Aber welches Risiko sind Sie wirklich bereit einzugehen? In der Praxis trifft man sehr häufig auf Anlegerprofile mit der Risikoklasse fünf (oder vier als höchste Kategorie): unlimitiertes Verlustrisiko mit der Gefahr von Nachschüssen über das eingesetzte Kapital hinaus. Für Privatanleger mit Ziel „Vermögensaufbau" oder „Pensions- und Altersvorsorge" sollte diese Kategorie immer TABU sein! Rein logisch ergibt diese Kombination keinen rechten Sinn: Wie kann man Vermögen aufbauen, wenn man zugleich bereit ist, alles vorhandene Vermögen zu riskieren?

Im Falle von Absicherungen des Zins- und Währungsrisikos mittels Swaps, Optionen und anderen Finanzinstrumenten werden Berater immer

Tipp

Oft füllt der Berater das Anlegerprofil aus, was Sie ablehnen sollten. Geschieht dies aber doch, kontrollieren Sie jede der Angaben sofort (vor Unterschrift) und sehr gründlich. Die Risikoklasse 4 bzw. 5 wird vom Berater oft als „Freibrief" für höchstspekulative Anlageformen verstanden. Stellen Sie durch Textzusätze klar, dass es Ihnen nicht um Risiko, sondern um Sicherheit geht.

wieder auf die höchste bzw. zweithöchste Risikoposition verweisen. Begründet wird dies zumeist mit den eingesetzten Instrumenten: Optionen beinhalten das Risiko des Totalverlustes durch Zeitablauf, Swaps können zu erheblichen Zuzahlungen führen, Sie aber setzen diese Instrumente mit Beratung der Bankexperten zur Absicherung gegen Zins- und Währungsrisiken ab. Im Idealfall heben sich die Risiken gegenseitig auf – es verbleibt kein Risiko. Bestehen Sie daher auch im Bereich der Risikobereitschaft darauf, dass Sie einen Erklärungstext aufnehmen. Dieser könnte z.B. sein: „Zweck: Ausgleich der Zins-/Währungsrisiken". Dann kann es auch keine Missverständnisse über das Ziel des Beratungsgesprächs geben.

Zweck ist immer der Ausgleich von bestehenden Zins- und Währungsrisiken

Kenntnisse und Erfahrungen

Der Bereich Kenntnisse und Erfahrungen zielt darauf ab, ob und wie viel Beratung Sie möglicherweise brauchen. Ein sehr erfahrener Anleger benötigt hier weniger Beratung und ist damit auch in gewisser Weise „weniger schutzwürdig". Sie schützen sich und Ihr Vermögen, indem Sie Ihr Wissen real und nicht übertrieben darstellen. Bedenken Sie: Durch zusätzliche Beratung ist noch niemand arm geworden.

Problematisch an diesem Anlegerprofil ist die etwas grobe Gruppenbildung: Hätten Sie vor dem Lesen dieses Buches jede der unterschiedlichen Arten von Zinssicherungen gekannt? Ist eine Absicherung einer bestehenden Risikoposition (Kreditvertrag) durch den Einsatz üblicherweise spekulativer Finanzinstrumente ein Fall für eine Kategorie mit riskanten Finanzinstrumenten? Schreiben Sie im Zweifelsfall als Ergänzung

„wenig" oder „gering" hinzu und lassen Sie es nicht mit dem Ankreuzen bewenden.

Im konkreten Anlegerprofil wird sinnvollerweise auf der Folgeseite auf die praktischen Erfahrungen abgestellt. Häufige Geschäfte lassen natürlich auf mehr Erfahrung schließen! Die frühere Spekulation mit Optionen heißt jedoch nicht, dass Sie auch Experte im Einsatz von Optionen zur Ausschaltung von Risiken sind. Auch hier sollten Sie im Zweifelsfall handschriftlich ergänzen: „keine Erfahrung mit Absicherung von Zins-/Währungsrisiken!". Hatten Sie zwar ein Depot, das aber von einem Profi z.B. bei Ihrer Bank im Rahmen eines Vermögensverwaltungsvertrages gegen geringe jährliche Gebühr managen lassen, noch dazu mit einem Portfolio, das Ihnen der Berater zusammengestellt hat, dann wäre „Erfahrung mit ..." wieder falsch – das hat ja der Profi für Sie gemacht. Nochmals: Lassen Sie sich nicht schmeicheln und stellen Sie sich nicht erfahrener dar, als Sie wirklich sind.

„Kein Geschäft ohne Erfahrung" als „Ausfüllhilfe" für den Kunden? Lassen Sie sich nicht zu einer Angabe verleiten, dass Sie die Ihnen angebotenen Geschäfte auch schon in der Vergangenheit gemacht haben. Verzichten Sie lieber auf dieses „tolle Geschäft" oder bestehen Sie auf einer ausführlichen Beratung über Chancen und Risiken! Wenn praktische Erfahrung mit einem Produkt Voraussetzung für einen Geschäftsabschluss wäre, gäbe es keine Finanzinnovationen (die ja aufgrund des innovativen Charakters so neu sind, dass es keine praktischen Erfahrungen geben kann).

Finanzielle Verhältnisse

„Über (eigenes) Geld spricht man nicht" – ist dies auch Ihre Leitmaxime beim Anlegerprofil? Festzuhalten ist, dass diese Angaben in dieser groben Kategorisierung und der nach oben offenen höchsten Kategorie kein wirkliches Aufdecken der eigenen Verhältnisse sind. Ein guter Berater benötigt diese Angaben jedoch, wenn er Ihnen das wirklich geeignete Produkt anbieten soll. Ein hochriskantes Geschäft über 5.000 Euro ist anders zu beurteilen, je nachdem, ob das Vermögen bei über 50.000 Euro oder nur bei bis zu 5.000 Euro liegt. Eine monatliche Rate beim Sparplan

Eine gute Beratung kann es nur dann geben, wenn der Berater die finanziellen Verhältnisse kennt

über 300 Euro anders zu beurteilen bei einem verfügbaren (d.h. nach Abzug aller festen Ausgaben) Netto-Einkommen von über 1.200 Euro oder einem verfügbaren Netto-Einkommen von bis zu 100 Euro.

Auch wenn die genannten Beispiele eher der Vermögensanlage statt dem Eingehen von Sicherungsgeschäften dienen, machen Sie diese Angaben gewissenhaft. Schreiben Sie eventuell zusätzlich auf, wie viel Geld Sie monatlich maximal für die Zinsen des Kredits aufbringen können. So können Sie sicher sein, dass der Berater dies auch nachweisbar weiß und bei der Beratung entsprechend berücksichtigt. Denn die Kosten des Kredits inklusive der Kosten für die Risikosicherung sollen von Ihnen ja auch bezahlt werden können. Dies betrifft eine einmalige Prämienzahlung von 2 Prozent des Kreditvertrages ebenso wie die Höhe des Festzinssatzes oder die Höhe des Höchstzinssatzes inklusive Prämieneinrechnung.

Nichts währt ewig

Aus einem (früheren) Spekulanten kann jederzeit ein konservativer Anleger werden

Ein einmal festgelegtes Anlegerprofil kann nicht bis in alle Ewigkeit gelten. Ihre finanziellen Möglichkeiten ändern sich ebenso wie Ihre Erfahrungen. Außerdem könnten sich auch Ihre Anlageziele ändern: Wer unbedingt vor 2 Jahren eine Spekulationswelle mitmachen musste, hat heute vielleicht gerade Anlass, die nächste Tranche dafür in sichere Garantieprodukte zu investieren. Daher gilt: Für jedes einzelne Geschäft ein eigenes Anlegerprofil! Und bei jeder wesentlichen Veränderung (Erbschaft, Erlös aus einem Wohnungsverkauf, gestiegenes Einkommen, Familienzuwachs) das alte Anlegerprofil erneuern! Nehmen Sie sich einmal Ihr Anlegerprofil zur Hand und kontrollieren die Angaben gerade auch in Bezug auf obig genannte Fehlerquellen. Sind Sie mit jedem der Einträge immer noch zufrieden? Falls nein, sollten Sie mit Ihrem Berater ein neues Anlegerprofil erstellen! Warten Sie nicht, bis die Bank/der Berater nach Erreichen der gesetzlichen Maximalfrist Sie auf eine Änderung anspricht. Übrigens haben Sie Anspruch auf eine Kopie, die sollten Sie gleich verlangen.

Und vergessen Sie nicht: Sie haben ein Anrecht auf die genannten Punkte. Will Ihnen Ihr „Berater" Ihr Recht nicht geben – suchen Sie sich einen echten Berater!

Die Sondervereinbarung

„Ich bin ein sehr sicherheitsorientierter Typ, aber mit einem kleinen Betrag will ich auch höhere Risiken eingehen" – finden Sie sich bei dieser Aussage wieder? Gut, dagegen ist nichts zu sagen, wenn Sie auf das „Spielgeld" im Ernstfall auch verzichten können. Wie aber passt dies mit Ihrem konservativen und sicherheitsorientierten Anlegerprofil zusammen? Sollte hier dann doch eine höhere Risikostufe gewählt werden?

Klare Antwort: Nein! Auch mit einem sicherheitsorientierten Anlageprofil können Sie höhere Risiken eingehen. Die Bank bzw. der Berater ist in diesem Fall jedoch verpflichtet, Sie auf das höhere Risiko und die Nichtübereinstimmung von Anlegerprofil und Produktwahl hinzuweisen. Und genau dies ist es, was Sie mit einem sicherheitsorientiertem Profil erreichen wollen: einen zusätzlichen Hinweis, sofern Sie bewusst oder unbewusst höhere Risiken eingehen. Quasi eine „Weckfunktion", falls Sie einmal etwas übersehen haben.

Nutzen Sie die Aufmerksamkeit des Beraters als Weckfunktion

Im gegenteiligen Fall einer hohen Risikoklasse in Ihrem Profil (z.B. „5: Risiko von Kapitalverlust bis hin zum Nachschuss über die Einlage hinaus") müsste Sie die Bank/der Berater zwar auf riskante Geschäfte hinweisen, jedoch nicht darauf, dass Sie ja eigentlich kein so hohes Risiko eingehen wollen. Sie passen einmal nicht auf, überlesen einen (zu klein gedruckten) Warnhinweis, Sie sind abgelenkt – hier kann ein Fehler sehr schnell sehr teuer werden. Also: Lassen Sie ein zweites Paar Augen auf den Risikogehalt Ihrer Geschäfte achten.

Für den Fall von Zins- und Währungsabsicherungen bedeutet dies, dass Sie konkret für diese Geschäfte ein separates Anlegerprofil abschließen sollten. Dadurch erreichen Sie folgende Ziele:

- Sie können dieses für die Sicherungen erstellte Anlegerprofil mit den Sicherungsgeschäften verbinden. Referenzieren Sie daher das neue Anlegerprofil im Vertrag über die Sicherungsgeschäfte!
- Eine möglicherweise höhere Risikoklasse aufgrund der verwendeten Finanzinstrumente (aber mit dem Zusatz: „Zweck Risikovermeidung") färbt nicht auf Ihr Anlegerprofil für Ihre anderen Vermögensveranlagungen ab.

Risiko-Absicherung und Steuern

„Spekulations"-Steuer nicht vergessen

Gewinne mindern durch Verluste

Steuer sparen

Sie wollen sich gegen Risiken aus Zinserhöhungen oder Währungsschwankungen absichern – und müssen dafür eventuell Steuern bezahlen? Kann dies richtig sein?

Nicht vergessen: In der Spekulationsfrist ist der Staat beteiligt

Bei einigen der verwendeten Absicherungsmöglichkeiten wie dem Einsatz von Optionen, Optionsscheinen, Swaptions etc. handelt es sich um Veranlagungsinstrumente. Erst durch ihren Einsatz als Gegenstück zu Ihrer Risikoposition werden sie zu Absicherungs-Instrumenten. Werden jedoch (unter anderem) Veranlagungsinstrumente kürzer als ein Jahr (Spekulationsfrist) gehalten, so ist ein eventueller Veräußerungsgewinn zu versteuern. Dies geschieht mit dem individuellen Steuersatz gemäß Einkommensteuertarif, eine Endbesteuerung wie bei Kapitalanlagen mit 25 Prozent KEST ist nicht möglich.

Tipp

Spekulationsgewinne lassen sich zu steuergünstigeren Kapitalerträgen machen

Wenn Sie in der glücklichen Lage von mehrheitlichen Gewinnen sind, können Sie durch folgende Möglichkeit Steuern sparen: Sie kaufen innerhalb des gleichen Kalenderjahres Aktien oder Genussscheine kurz vor dem Ausschüttungstermin. Zum Ausschüttungstermin wird die Dividende vom Kurs der Aktie bzw. des Genussscheins abgezogen. Sie verkaufen jetzt nach der Ausschüttung mit Verlust (Abschlag Dividende) und stellen die Verluste gegen ihre anderen sogenannten Spekulationsgewinne. Die Dividende müssen Sie als Ertrag jetzt zwar auch versteuern, jedoch nur mit der Kapitalertragssteuer von 25 Prozent. Es verbleibt eine Steuerersparnis von bis zu 25 Prozent (bei Spitzensteuersatz von 50 Prozent), die allerdings noch um Spesen und mögliche Kursverluste über den Dividendenabschlag hinaus zu kürzen ist. Hier muss der Steuersparer also im Vorhinein prüfen und kalkulieren, ob sich dieses Geschäft im konkreten Fall ausgeht. Und die Risiken aus dem auch nur kurzzeitigen Kauf von Aktien oder Genussscheinen wollen natürlich auch geprüft werden!

Bei der Versteuerung ist aber auch beachtenswert, dass dies nicht nur für Gewinne, sondern natürlich auch für mögliche Verluste gilt. Hier werden die in der Spekulationsfrist erzielten Gewinne und Verluste saldiert und nur der verbleibende Gewinn muss dann versteuert werden. Sie können dadurch:

- Gewinne aus anderen „Spekulationen" durch Verluste aus den Absicherungsgeschäften mindern und so weniger Steuern bezahlen
- Verluste aus anderen „Spekulationen" durch Gewinne aus den Absicherungsgeschäften ausgleichen und so weniger Steuern bezahlen.

Voraussetzung ist jeweils nur, dass jedes der beteiligten Geschäfte innerhalb der Spekulationsfrist von einem Jahr (zwischen Anschaffung und Veräußerung) liegt und der Veräußerungszeitpunkt aller Geschäfte im gleichen Kalenderjahr liegt.

Service

Glossar
Adressen/Links
Stichwortverzeichnis

Absicherungskurs

Kurs einer Währung oder eines Anlageproduktes, der für eine gewisse Zeitspanne gegen Kursänderungen abgesichert werden soll.

Abstattungskredit

Bei einem Abstattungskredit (Abstatter, Annuitätenkredit) wird ein fester monatlicher oder quartalsmäßiger Betrag für Zinsen und Teiltilgungen festgelegt. Mit jeder erfolgten Teiltilgung des Kredits sinkt die Zinsbelastung und wird der gesparte Zinsbetrag zu einer zusätzlichen Teiltilgung verwendet.

Bankmarge

Die Bankmarge dient der Bank dazu, ihre Allgemeinkosten (Personal, Werbung etc.) und ihren Gewinn zu decken. Die Bankmarge wird im Kreditvertrag als fester Prozentsatz (verhandelbar zwischen 0,75 und 2,00 Prozent) ausgewiesen.

Bund-Future

Der Bund-Future ist ein ► Terminkontrakt auf eine synthetische Anleihe der Bundesrepublik Deutschland mit einer Restlaufzeit von 8,5 bis 10,5 Jahren und einem Zinskupon von 6 Prozent. Alle drei Monate wird er durch einen neuen synthetischen Bund-Future ersetzt. Ein steigender Bund-Future ist ein Indikator für steigende Nachfrage nach Staatsanleihen dieser Laufzeit. Aufgrund der Gegenläufigkeit von Kurs und Rendite (hoher Kurs = kleine Rendite) zeigt er zugleich die Renditeentwicklung an. Der Bund-Future ist eine wichtige Benchmark im gesamten Euroraum.

Cap-Swap

Ein Cap-Swap verbindet gleich drei unterschiedliche Produkte:
1. einen Festzinssatz (Swap: Tausch der variablen Zinsen gegen Festzinssatz), der jedoch nur einen Teil der Gesamtfinanzierungskosten ausmacht,
2. einen variablen Zinssatz, welcher auf den Festzinssatz addiert wird, und
3. einen Höchstzinssatz (Cap), welcher das Zinserhöhungsrisiko begrenzt.

Carry-Trade

„Carry-Trade" bezeichnet eine Strategie, Gewinn durch eine Übertragung des Handels zu erzielen. Im Falle von Währungen (Carry-Trade-Währungen) bedeutet dies die Aufnahme eines Kredits in einer Niedrigzinswährung (z.B. 1 Prozent Sollzinssatz im japanischen Yen), den Wechsel der Währungen und die Erzielung eines höheren Ertrages in einer Hochzinswährung (z.B. 3 Prozent im Euro). Der Spekulant erzielt dann einen Gewinn, wenn die positive Zinsdifferenz zwischen hohen Habenzinsen und niedrigen Sollzinsen nicht durch Veränderungen im Währungskurs aufgezehrt wird. Es handelt sich um eine sehr spekulative Vorgehensweise, die jedoch auch bei Fremdwährungs-krediten für den Hausbau in Österreich eingesetzt wird.

CHF-Libor

Hierbei handelt es sich um den Libor-Zinssatz (► Libor) für den Schweizer Franken. Da in jeder Währung ein unterschiedliches Zinsniveau besteht, werden die unterschiedlichen Libor-Sätze mit dem entsprechenden Währungskürzel unterschieden.

Diskontsatz

Leitzinssatz der Deutschen Bundesbank bis zum 31.12.1998, zu dem sich Banken bei der Deutschen Bundesbank Geld leihen konnten. Wurde abgelöst durch den Leitzinssatz der Europäischen Zentralbank (EZB).

Euribor

European Interbank Offered Rate.
Angebotszinssatz für Euro unter internationalen Banken im Geldmarkt, d.h. mit Laufzeiten von einer Woche bis einem Jahr. Er wird täglich in London festgestellt.

Eurex Die European Exchange, kurz EUREX, ist eine der weltweit größten Terminbörsen für Finanzderivate (Futures und Optionen), die 1998 aus dem Zusammenschluss der DTB (Deutsche Terminbörse) und der zur SWX Swiss Exchange gehörenden SOFFEX (Swiss Options and Financial Futures Exchange) hervorging.

EZB Europäische Zentralbank

FED Federal Reserve Bank, Notenbank der USA

Forward-Zinsswap Bei einem Forward-Zinsswap möchte der Kreditnehmer weiterhin von einem (aktuell) niedrigen variablen Zins profitieren und nach einer festgelegten Anzahl von Jahren in eine Festzinsvereinbarung wechseln (Swap). Die für die zukünftige Festzinsvereinbarung geltenden Konditionen werden dabei bereits heute festgelegt (Forward).

FMA Finanzmarktaufsicht, Aufsichtsbehörde über den Finanzmarkt in Österreich

Future Ein Future, auch (Börsen-)Terminkontrakt, ist ein verbindlicher Vertrag (Kontrakt) zwischen zwei Parteien (im Gegensatz zu halbseitig verpflichtenden Verträgen bei Optionen) mit der Pflicht des Verkäufers zur Lieferung und des Käufer zur Abnahme
1. eines genau bestimmten Vertragsgegenstandes (Basiswert),
2. in einer bestimmten Menge (Kontraktgröße) und Qualität,
3. zu einem fixen zukünftigen Termin und
4. zu einem konkreten Preis.

Geldmarkt Markt für kurzfristige Kredite, in der Regel bis zu einem Jahr

ISIN International Securities Identification Number. Eine zwölfstellige Buchstaben-Zahlen-Kombination für die unmissverständliche Identifikation eines Wertpapiers, das an der Börse gehandelt wird.

Kapitalmarkt Markt für mittel- bis langfristige Kredite (von einem bis zu 20 oder gar 30 Jahren)

Libor London Interbank Offered Rate. Angebotszinssatz für andere Währungen unter internationalen Banken im Geldmarkt, mit Laufzeiten von einem Monat bis zu einem Jahr. Er wird täglich in London festgestellt.

Margin „Margin" ist eine Sicherheitsleistung beider Vertragspartner eines ► Futures, welche der Sicherstellung der Vertragserfüllung dient. Üblicherweise erfolgt eine erste Margin-Zahlung in Höhe von z.B. 5 Prozent des Kontraktwertes bei Vertragsabschluss („Initial Margin"). Bei sehr starken Schwankungen des Future-Wertes kann es danach zu Nachzahlungspflichten (Erhöhung der Sicherheitsleistung) kommen. Die Sicherheitsleistung kann in bar erfolgen oder auch durch Hinterlegung erstklassiger Staatsanleihen.

Referenzzinssatz
Variable Zinsvereinbarungen passen sich in der Zinshöhe jeweils an die aktuellen Marktentwicklungen an. Damit es zu keiner Diskussion zwischen Kreditnehmer und Kreditgeber über die richtige Anpassung an den Marktzinssatzkommt, hat es sich eingebürgert, feststehende Referenzzinssätze in die Kredit-vereinbarung aufzunehmen. Dies kann z.B. der 1-Monats-Euribor, der 3-Monats-Euribor oder im Franken-Bereich der 3-Monats-CHF-Libor sein.

Sekundärmarkt
Auf dem Sekundärmarkt geschieht die Preisfeststellung nach der Erstausgabe (Emission) einer Anleihe. In der Regel ist dies die Heimatbörse.

Sekundärmarktrendite (SMR)
Durchschnittsrendite der am ► Sekundärmarkt (Börse) umlaufenden Anleihen in Österreich, die regelmäßig berechnet und veröffentlicht wird. Die SMR ist damit eine Renditeangabe für mittelfristige Veranlagungen. In der Regel wird die SMR für öffentliche Anleihen und Unternehmensanleihen separat ausgewiesen.

SNB
Schweizer Nationalbank

Swap
Tausch von Zahlungsverpflichtung bei Devisen und Zinsgeschäften. Bei Zinsgeschäften (► Zinsswap) werden fixe und variable Zinszahlungen von Anleihen gleicher Laufzeit gegeneinander getauscht. Zielsetzung ist die Generierung bzw. Ausnutzung von relativen Vorteilen durch unterschiedliche Bonitäten, Stellungen der Partner am Markt oder unterschiedlichen Konditionen im In- und Ausland. Die Höhe der Risiken ist durch die Bonität und Bonitätsveränderung des Swap-Partners bestimmt.

Swaption
Kauf-Option mit dem Recht zum Abschluss eines ► Swaps zu einem bestimmten Tag in der Zukunft, wobei die Konditionen dieses Swaps bereits heute festgelegt sind.

SMR
► Sekundärmarktrendite

Terminrisiko
Ein Terminrisiko besteht immer dann, wenn Sie zu einem bestimmten Termin auf das Eintreffen eines bestimmten Ereignisses angewiesen sind. Im Bereich von endfälligen Krediten ist dies regelmäßig das Risiko, dass der Wert des ► Tilgungsträgers zum Ende der Laufzeit des Kredits groß genug ist, um den Kredit vollständig zurückzuzahlen. Auf dieses Risiko wird in der Praxis leider viel zu wenig hingewiesen.

Terminkontrakt
► Future

Tilgungsträger
Bei endfälligen Krediten erfolgt die Tilgung des Kredites am Ende der Laufzeit durch einen separat angesparten Tilgungsträger, zumeist eine Lebensversicherung oder einen Aktienfonds.

Zinscap
Zinsvereinbarung mit einer Zinsobergrenze. Steigt der Marktzinssatz über die Obergrenze, so erhält der Zeichner bzw. Kreditnehmer eine Ausgleichszahlung von der Bank.

Zinscap-Pool Ein Kunstwort, welches sich aus dem Begriff „Zinscap" (Deckelung der Zinsen durch einen Höchstzinssatz) und dem englischen Begriff „Pool" zusammensetzt. Hiermit ist gemeint, dass mehrere Kreditnehmer mit gleichem Absicherungsinteresse (z.B. Deckelung des variablen Zinssatzes 3-Monats-Euribor auf 4 Prozent für den Zeitraum von fünf Jahren) zusammen den Gegenpart eines Vertragspartners übernehmen. In der Praxis ist es für den Kreditnehmer jedoch nicht feststellbar und auch unwichtig, ob es noch andere Kreditnehmer mit gleichem Interesse gibt, da er seine Absicherung immer mit einer einzelnen Bank macht. Häufig verbergen sich hinter dem Begriff Zinscap-Pool Zinscap-Vereinbarungen mit kleineren Kreditsummen und dafür höheren Prämien.

Zins-Collar Kombination von Zinscap und Zins-Floor, d.h. eine Vereinbarung zwischen Kunde und Bank über eine Zinsobergrenze und eine Zinsuntergrenze.

Zins-Floor Zinsvereinbarung mit einer Zinsuntergrenze. Sinkt der Marktzinssatz unter die Untergrenze, so leistet der Zeichner/Kreditnehmer eine Ausgleichszahlung an die Bank.

Zinseszinsrechnung Bei der Zinseszinsrechnung kommt es zu einer Zinsrechnung auf bereits vorher vereinnahmte Zinserträge. Diese vorherigen Erträge werden also dem Kapital zugeschlagen und erhöhen so jeweils die Basis für die zukünftigen Zinsberechnungen. In den ersten Jahren ist die Wirkung dieses Effektes sehr gering, da ja 4 Prozent Zinsen von 4 Prozent Zinsen nur einen sehr geringen Betrag ausmachen (Beispiel: 4 Prozent Zinsen auf Kapital 1.000 Euro sind 40 Euro, hiervon 4 Prozent Zinsen sind 1,60 Euro Zinsen im ersten Jahr). Bei einer Laufzeit von 20 bis 30 Jahren kommt es jedoch zu einem erheblichen Zinseffekt.

Zinsrechnungsarten

- Act/360: der Monat wird kalendertagegenau, das Jahr mit 360 Tagen gerechnet
- Act/Act: der Monat und das Jahr werden kalendertagenau gerechnet
- Act/365: der Monat wird kalendertagegenau, das Jahr mit 365 Tagen gerechnet
- 30/360: der Monat wird mit 30 Tagen, das Jahr mit 360 Tagen gerechnet

Zinsswap Dabei handelt es sich um die Möglichkeit eines Austauschs von Zinsvereinbarungen: Um das Risiko von hohen Zinssteigerungen auszuschalten, tauscht ein Kreditnehmer für eine bestimmte Laufzeit seine variable Zinsvereinbarung (3-Monats-Euribor) gegen eine Festzinsvereinbarung (z.B. 4 Prozent). Hinzu kommt jeweils noch die ► Bankmarge. Zinsswaps sind – sofern sie nicht nur zur Absicherung eines offenen Risikos eingesetzt werden – hochspekulativ.

Online-Anbieter von Finanzinformationen

www.boerse-express.com
www.finanztreff.de
www.godmode-trader.de
www.onvista.de
www.wallstreet-online.de
www.boerse-live.at
www.boerse.de
www.finanzen.net

Österreichische Filialbanken im Internet

www.bankaustria.at
www.erstebank.at
www.sparkasse.at
www.bawag.at
www.volksbank.at
www.rzb.at
www.schoellerbank.at
www.spardabank.at

Informationen zu Zins- und Inflationsentwicklung

www.oenb.at
www.buba.de
www.snb.ch

Zeitreihen zu Zinssätzen und Wärungskursen zum Download

www.oenb.at
www.buba.de
www.snb.ch

Kostenlose Informationen zu Zins- und Währungsentwicklung

www.rlbnoew.at/markt&trend
www.schoellerbank.at/023/home/newsletter.jsp

Konsumentenberatung

www.konsument.at
www.europakonsument.at
www.verbraucherrecht.at
www.arbeiterkammer.at

Schuldnerberatungsstellen

Burgenland

Amt der Burgenländischen Landesregierung – Schuldnerberatung
Hartlsteig 2, 7001 Eisenstadt
Tel. 02682 600-2150 Fax 02682 600- 2154
E-Mail: post.schuldnerberatung@bgld.gv.at

Kärnten

Schuldnerberatung Kärnten – Klagenfurt (Zentrale)
Waaggasse 18/3, 9020 Klagenfurt
Tel. 0463 51 56 39 Fax 0463 51 56 39-6
E-Mail: office@schuldnerberatung-kaernten.at

Kärnten

Schuldnerberatung Kärnten – Villach
Bahnhofplatz 8, 9500 Villach
Tel. 04242 22 616   Fax 04242 22 616-6
E-Mail: office@schuldnerberatung-villach.at

Schuldnerberatung Kärnten – Wolfsberg
Freidlgasse 1, 9400 Wolfsberg
Tel. 04352 37 221   Fax 04352 361 53
E-Mail: office@schuldnerberatung-wolfsberg.at

Schuldnerberatung Kärnten – Spittal/Drau
Bahnhofstraße 18, 3. Stock, 9800 Spittal
Tel. 04762 44 969   Fax 04762 44 969-6
E-Mail: office@schuldnerberatung-spittal.at

Niederösterreich

Schuldnerberatung NÖ GmbH (Zentrale)
Herrengasse 1, 3100 St. Pölten
Tel. 02742 35 54 20-0   Fax 02742 35 54 20-120
E-Mail: st.poelten@sbnoe.at

Schuldnerberatung NÖ GmbH – Amstetten
Preinsbacherstraße 45, 3300 Amstetten
Tel. 07472 67 138   Fax 07472 67 138-120
E-Mail: amstetten@sbnoe.at

Schuldnerberatung NÖ GmbH – Hollabrunn
Babogasse 10, 2020 Hollabrunn
Tel. 02952 20 431   Fax 02952 20 431-120
E-Mail: hollabrunn@sbnoe.at

Schuldnerberatung NÖ GmbH – Wr. Neustadt
Kesslergasse 11, 2700 Wiener Neustadt
Tel. 02622 84 855   Fax 02622 84 855-120
E-Mail: wr.neustadt@sbnoe.at

Schuldnerberatung NÖ GmbH – Zwettl
Landstraße 31/1, 3910 Zwettl
Fax 02822 57 036-120   Tel. 02822 57 036
E-Mail: zwettl@sbnoe.at

Oberösterreich

Schuldnerberatung OÖ – Linz (Zentrale)
Stifterstraße 16, 4020 Linz
Tel. 0732 77 55 11   Fax 0732 77 55 50
E-Mail: linz@schuldnerberatung.at

Schuldnerberatung OÖ – Ried
Bahnhofstraße 38, 4910 Ried/ Innkreis
Tel. 07752 88 552   Fax 07752 88 552-4
E-mail: ried@schuldnerberatung.at

Schuldnerberatung OÖ – Steyr
Bahnhofstraße 14/2, 4400 Steyr
Tel. 07252 52 310 Fax 07252 52 310-4
E-Mail: steyr@schuldnerberatung.at

Schuldnerberatung OÖ– Vöcklabruck
Salzburgerstraße 6, 4840 Vöcklabruck
Tel. 07672 27 776 Fax 07672 27 776-4
E-mail: voecklabruck@schuldnerberatung.at

Schuldnerberatung OÖ – Wels
Altstadt 12, 4600 Wels
Tel. 07242 77 55 1 Fax 07242 77 55 1-4
E-Mail: wels@schuldnerberatung.at

Verein für prophylaktische Sozialarbeit – Linz (Zentrale)
Stockhofstraße 9, 4020 Linz
Tel. 0732 77 77 34 Fax 0732 77 77 58 22
E-mail: linz@schuldner-hilfe.at

Verein für prophylaktische Sozialarbeit – Rohrbach
Stadtplatz 16, 4150 Rohrbach
Tel. 07289 50 00 Fax 07289 50 00-22
E-Mail: rohrbach@schuldner-hilfe.at

Salzburg

Schuldnerberatung Salzburg – Stadt Salzburg (Zentrale)
Gabelsbergerstraße 27, 5020 Salzburg
Tel. 0662 879901 Fax 0662 879901-73
E-Mail: salzburg@sbsbg.at

Schuldnerberatung Salzburg – St. Johann
Prof.-Pöschl-Weg 5a, 5600 St. Johann
Tel. 06412 71 87 Fax 06412 71 87-50
E-Mail: st.johann@sbsbg.at

Schuldenberatung Salzburg – Zell am See
Mozartstraße 5, 5700 Zell am See
Tel. 06542 203 20 Fax 06542 203 20-50
E-Mail: zell@sbsbg.at

Steiermark

Schuldenberatung Steiermark GmbH – Graz (Zentrale)
Annenstraße 47, 8020 Graz
Tel. 0316 37 25 07 Fax 0316 37 25 07-20
E-Mail: office@schuldnerInnenberatung.at

Schuldenberatung Steiermark GmbH – Kapfenberg
Wienerstraße 60, 8605 Kapfenberg
Tel. 03862 27 500 Fax 03862 27 500-20
E-Mail: obersteiermark@schuldnerInnenberatung.at

Tirol

Schuldnerberatung Tirol/Rechtsladen – Innsbruck (Zentrale)
Wilhelm-Greil-Straße 23/5, 6020 Innsbruck
Tel. 0512 57 76 49 Fax 0512 57 76 49-10
E-Mail: office@sbtirol.at

Schuldnerberatung Tirol/Rechtsladen – Imst
Christian-Plattner-Straße 6, 6460 Imst
Tel. 05412 63 830 Fax 05412 63 830-4
E-Mail: imst@sbtirol.at

Schuldnerberatung Tirol/Rechtsladen – Wörgl
Bahnhofstraße 26, 6300 Wörgl
Tel. 05332 75 504 Fax 05332 75 504-11
E-Mail: woergl@sbtirol.at

Vorarlberg

IfS-Schuldenberatung GmbH – Bregenz (Zentrale)
Mehrerauer Straße 3, 6900 Bregenz
Tel. 05574 46 18 5 Fax 05574 46 18 525
E-Mail: ifs.schuldenberatung@ifs.at

IfS-Schuldenberatung GmbH – Feldkirch
Schießstätte 14, 6800 Feldkirch
Tel. 05522 75 902 Fax 05522 75 902 20
E-Mail: ifs.feldkirch@ifs.at

IfS-Schuldenberatung GmbH – Bludenz
Klarenbrunnstraße 12, 6700 Bludenz
Tel. 05552 62303 Fax 05552 62303-4
E-Mail: ifs.schuldenberatung@ifs.at

Wien

Schuldnerberatung Wien
Döblerhofstraße 9, 1. Stock, 1030 Wien
Tel. 01 33 08 735 Fax 01 33 08 735-66925
E-Mail: schuldnerberatung@fsw.at

Immobilien als Wertanlage

„Sicher“, „einfach“ und „werthaltig“ – wenn dies Ihre Assoziationen mit dem Thema Immobilien sind, liegen Sie oft falsch. Die Welt der Immobilien ist extrem vielfältig – vom Eigenheim zur Selbstnutzung über Timesharing-Modelle, offene und geschlossene Immobilienfonds, Immobilien-Aktien bis hin zu Zertifikaten. Längst nicht jedes Produkt ist hier für jeden Anleger geeignet – zu unterschiedlich sind die Produkte, ihre Funktionsweise, Chancen und Risiken! Dieses Buch bietet Ihnen einen umfassenden und zugleich detaillierten Einstieg in die Produktvielfalt. Komplexe Produkte werden wenn möglich nicht nur theoretisch erläutert sondern mittels Rechenbeispielen erklärt. Risiken jeder Art von Investment werden verständlich und nachvollziehbar durchgesprochen. Tipps zum Einsparen von Kosten und Steuern werden daneben ebenso aufgegriffen wie Fragen der steuerlichen Behandlung. Ein Buch nicht nur zum Durchlesen – auch ein Quereinstieg zu einzelnen Themen ist möglich.

ISBN 978-3-902273-92-5
168 Seiten, brosch., € 19,60

Weitere „Konsument“-Ratgeber
im Buchhandel oder im Online-Shop auf www.konsument.at

Weitere „Konsument"-Ratgeber im Buchhandel oder im Online-Shop auf www.konsument.at

Kapital & Zinsen

Auch wenn Sie nach der Finanzkrise und den damit verbundenen eventuell herben Verlusten das Wort Geldanlage schon nicht mehr hören können: Sagt Ihnen der Begriff „Zinsprodukte" etwas? Wenn ja, was verbinden Sie damit? Omas sicheres Sparbuch, das langweilige Festgeld bei Ihrer Hausbank? Bingo, aber in dieser Anlagesparte stecken noch ganz andere Möglichkeiten. Die Welt der Zinsprodukte reicht überraschenderweise von sicher bis hochspekulativ. Manche Produkte wie das einfache Sparkonto sind wohlbekannt, andere wie die islamische Anleihe Sak noch recht exotisch. Unser Buch stellt Ihnen alle Arten von Zinsanlagen vor: Welche Produkte es gibt, Festzins und variabler Zins, Kosten, Steuern, Rendite. Außerdem: Woran Sie eine gute Vermögensberatung erkennen und welche Fragen Sie selbst stellen müssen, um das für Sie optimale Produkt zu finden.

ISBN 978-3-902273-88-8
168 Seiten, brosch., € 14,90